近畿圏版⑤ **最新入試に対応！ 家庭学習に最適の問題集!!**

近畿大学附属小学校
帝塚山小学校

2025 年度版 過去問題集

2023～2024 年度 実施試験 計 2 年分収録

問題集の効果的な使い方

①学習を始める前に、まずは保護者の方が「入試問題」の傾向や、どの程度難しいか把握をします。すべての「アドバイス」にも目を通してください。
②各分野の学習を先に行い、基礎学力を養いましょう！
③力が付いてきたと思ったら「過去問題」にチャレンジ！
④お子さまの得意・苦手がわかったら、その分野の学習を進め、全体的なレベルアップを図りましょう！

厳選! **合格必携 問題集セット**

近畿大学附属小学校

お話の記憶	お話の記憶問題集 中・上級編
図　形	NEW ウォッチャーズ　図形編 1・2
数　量	Jr. ウォッチャー ⑭「数える」
推理思考	Jr. ウォッチャー ㉛「推理思考」
図　形	Jr. ウォッチャー ㊼「座標の移動」

帝塚山小学校

お話の記憶	お話の記憶問題集 中・上級編
図　形	Jr. ウォッチャー ⑥「系列」
言　語	Jr. ウォッチャー ⑱「いろいろな言葉」
観　察	Jr. ウォッチャー ㉙「行動観察」
言　語	Jr. ウォッチャー (60)「言葉の音」

●資料提供●

くま教育センター

ISBN978-4-7761-5589-8
C6037　￥2400E
9784776155898
1926037024002

日本学習図書 ニチガク

定価 2,640円
(本体2,400円＋税10%)

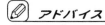

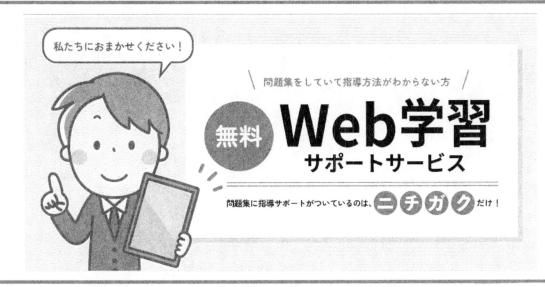

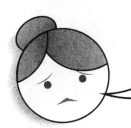

目指せ！合格！

家庭学習ガイド
近畿大学附属小学校

ペーパー　行動観察　保護者面接　巧緻性

入試情報

応募者数：男女148名
出題形式：ペーパー、ノンペーパー
面　　接：保護者
出題領域：ペーパー（図形、数量、推理、常識、お話の記憶）、生活巧緻性、行動観察

入試対策

本年度入試でも、本番の入試とは別に、保護者面接が9月上旬に行われました。保護者面接では、「しつけで1番大切にしていることは何ですか」「お子さまの自慢できるところはどんなところですか」「お子さまがお友だちに無視をされた時にどう対応しますか」などお子さまについての質問や、「本校の行事で興味のあった行事は何ですか」「体験入学などで、お子さまはどれを気に入っていましたか」など学校に関する質問などがありました。ペーパーテストは、ひと続きのお話に沿って、図形、数量、推理、常識などの分野の問題が出題される当校独特の形式が採られています。

- ●ペーパーテストでは、基本的な問題から発展的な問題まで、幅広く出題されています。まずは、基礎をしっかりと固めること。解答がほかにはないかという注意力、観察力などを伸ばしてください。
- ●常識の問題では、日常生活における知識やマナーについての問題が例年出題されています。日常生活において体験を通して習得することをおすすめします。
- ●行動観察は積極的に参加していること、指示をきちんと聞き取り把握すること、待っている時の態度などが重要です。

「近畿大学附属小学校」について

〈合格のためのアドバイス〉

当校の入試対策で非常に大切になることは、お子さまが日常生活の中で学んでいることを活かせているかどうかです。当校が求めている児童像については、「生活面」のことと関連付けて説明会で述べられていることや、実際の試験の中でも、ボタンがけなどの巧緻性の課題はもちろん、ペーパーテストで生活習慣や常識などの分野が出題されることからもうなずけます。

ですから、まずは当校がどのような児童を求めているのか、説明会などに積極的に参加し、保護者の方が自ら感じ取ることが必要といえます。というのも、保護者面接で説明会や体験入学についての質問がされますので、保護者の方の入試対策にもつながります。

ペーパーテストは、一つひとつ問題は違いますが、それぞれの問題文に共通のストーリーがある、当校独自の形式になっています。そのため、問題をただ解答するだけでなく、出題を「聞く力」も必要とします。お子さまにはしっかりと集中して聞くことを意識するように指導しましょう。問題の難しさは例年通り、一般的な小学校受験レベルのものですが、図形、数量、推理、常識、お話の記憶など幅広い分野の出題がされているため、バランスよく学習していく必要があります。

行動観察では、前述した通り、例年、衣服の着脱（体操服）、ひも結び、箸使い、ボタンかけなどの「生活面」を観る課題が出題されますが、どんな出題がされるのかも、例年説明会で述べられるそうです。

〈2024 年度選考〉

◆保護者面接（考査日前に実施）
◆ペーパーテスト
◆行動観察

◇過去の応募状況

2024 年度	男女	148 名
2023 年度	男女	152 名
2022 年度	男女	156 名

入試のチェックポイント

◇受験番号は…「願書提出順」
◇生まれ月の考慮…「なし」

〈本書掲載分以外の過去問題〉

◆数量：全体の数と見えている数から、隠れているものの数を考える。[2015 年度]
◆系列：あるお約束事に沿って並んでいる図形をもとに、空欄をうめる。[2012 年度]
◆推理：絵を見て、絵に書かれた状況がどう進展するかを考え、話す。[2012 年度]
◆言語：ドキドキ、ソワソワなどを表す絵を見つける。[2015 年度]
◆常識：鳴く虫、ヒマワリの種、半分に切った野菜の絵を見つける。[2015 年度]

目指せ！合格！

家庭学習ガイド
帝塚山小学校

ペーパー　口頭試問　運動　行動観察　保護者面接

入試情報

応募者数：男女 83名
出題形式：ペーパー、ノンペーパー
面　　接：保護者
出題領域：ペーパー（記憶、図形、推理、言語）
口頭試問、運動、行動観察

入試対策

例年通り、ペーパー、運動、面接、口頭試問、行動観察が行われました。ペーパーテストでは、お話の記憶、図形、推理、言語に関する分野が例年出題されています。説明会では出題傾向が説明され、その分野がそのまま出題されているので、志望される方は説明会に必ず参加されることをおすすめします。口頭試問では、絵を見せた後にその説明と感想を求められました。例年通り１人での試問と、５人程度での試問の両方が行われたようです。

●行動観察では、グループで作業を行い、運動は５年生と一緒に取り組みます。基本的な運動能力とあきらめずに取り組む姿勢を観ています。

●保護者面接は、試験日前に実施されます。保護者に対する質問内容は、説明会や公開授業の印象や感想、また、ホームページのトピックスを見たことがあるか、といったことが質問されます。他にも「子育てで大切にしていること」など、家庭教育・育児に関することが幅広く質問がされます。

「帝塚山小学校」について

〈合格のためのアドバイス〉

当校を志望される方は、公開行事や説明会などへの参加が不可欠です。特に説明会では入試出題傾向についての説明があります。とはいえ、ただ参加するのでは意味がありません。事前に学校が発表している入試情報、過去の出題などを把握してから参加するようにしてください。そうすることで、説明される入試観点、ポイントなどへの理解が深まります。保護者面接では例年、公開行事や説明会のことについて聞かれます。その点でも参加は必須ということになります。

当校は、テスト前に練習問題を実施するなど、ていねいな入学試験が行われています。試験では、聞く力、理解力が求められるとともに、さまざまな学習を行う以前の、基本的な躾が身に付いていることも大切です。当校の入試対策は、各分野の力を個別に付けていくというよりは、全体のバランスを向上させることを心がけてください。そのためのポイントとして、得意分野と苦手分野の評価基準を変えてみるとよいでしょう。得意分野では正確さとスピードを両立させ、難度の高いことができた手応えをお子さまに実感させます。苦手分野では、「正解できた」「考え方が良い」など、解けたこと・考え方を評価し、自信を持たせるようにするとよいでしょう。

また、口頭試問は、正しい言葉遣いで、大きな声で話すことを心がけてください。１対１で、自分の意見・考え方を言える練習は必ずしておきましょう。

ペーパーテストは基本的な問題が中心ですが、それでも、出題の仕方によっては、はじめてみるような問題となることもあります。まずは、指示をしっかり聞き取って、理解してから問題に取り組むことを習慣付けさせてください。

学校は説明会などでも、学校をよく知って受験してほしいと伝えていますが、その考えは面接における質問内容にも反映されています。保護者の方は「学校をよく知る」ことをはじめとし、さまざまな質問に対応できる準備をこころがけましょう。

〈2024 年度選考〉

◆保護者面接（考査日前に実施）
◆ペーパーテスト
◆運動
◆個別面接・集団での口頭試問

◇過去の応募状況

2024 年度 男女	83 名
2023 年度 男女	71 名
2022 年度 男女	75 名

入試のチェックポイント

◇生まれ月の考慮…「あり」
◇受験番号…「願書提出順」

〈本書掲載分以外の過去問題〉

◆推理：お約束通りにものが並んでいる中の空所に入るものを考える。[2016 年度]
◆比較：２つの絵を重ねてできる形を探す。[2015 年度]
◆比較：基準となるシーソーを見て、重さを比較する。[2014 年度]
◆図形：４つの図形の中から、１つだけ違うものを探す。[2017 年度]

近畿大学附属小学校
帝塚山小学校
過去問題集

〈はじめに〉

　現在、少子化が叫ばれているにもかかわらず、私立・国立小学校の入学試験には一定の応募者があります。入試は、ただやみくもに学習するだけでは成果を得ることはできません。志望校の過去における出題傾向を研究・把握した上で、学習を進めていくこと、試験までに志願者の不得意分野を克服することが求められます。そこで、本問題集は小学校を受験される方々に、志望校の出題された問題をより分かりやすく理解して頂くために、アドバイスを記載してあります。最新のデータを含む精選された過去問題集で実力をお付けください。

　また、志望校の選択には弊社発行の**「2025年度版　近畿圏・愛知県　国立・私立小学校　進学のてびき」**をぜひ参考になさってください。

〈本書ご使用方法〉

◆出題者は出題前に一度問題を通読し、出題内容などを把握した上で、**〈準備〉**の欄に表記してあるものを用意してから始めてください。

◆お子さまに絵の頁を渡し、出題者が問題文を読む形式で出題してください。問題を読んだ後で、絵の頁を渡す問題もありますのでご注意ください。

◆**「分野」**は、問題の分野を表しています。弊社の問題集の分野に対応していますので、復習の際の目安にお役立てください。

◆一部の描画や工作、常識等の問題については、解答が省略されているものがあります。お子さまの答えが成り立つか、出題者が各自でご判断ください。

◆**〈時間〉**につきましては、目安とお考えください。

◆本文右端の**［〇年度］**は、問題の出題年度です。**［2024年度］**は、「2022年の秋に行われた2023年度入学志望者向けの考査で出題された問題」という意味です。

◆**学習のポイント**は、指導の際にご参考にしてください。

◆**【おすすめ問題集】**は各問題の基礎力養成や実力アップにご使用ください。

〈本書ご使用にあたっての注意点〉

◆文中に**この問題の絵は縦に使用してください。**と記載してある問題の絵は縦にしてお使いください。

◆**〈準備〉**の欄で、クレヨン・クーピーペンと表記してある場合は12色程度のものを、画用紙と表記してある場合は白い画用紙をご用意ください。

◆文中に**この問題の絵はありません。**と記載してある問題には絵の頁がありませんので、ご注意ください。なお、問題の絵の右上にある番号が連番でなくても、中央下の頁番号が連番の場合は落丁ではありません。
下記一覧表の●が付いている問題は絵がありません。

問題1	問題2	問題3	問題4	問題5	問題6	問題7	問題8	問題9	問題10
							●	●	●
問題11	問題12	問題13	問題14	問題15	問題16	問題17	問題18	問題19	問題20
●								●	
問題21	問題22	問題23	問題24	問題25	問題26	問題27	問題28	問題29	問題30
●	●							●	●
問題31	問題32	問題33	問題34	問題35	問題36	問題37	問題38	問題39	問題40
●								●	●
問題41									
●									

(得) 先輩ママたちの声！

◆実際に受験をされた方からのアドバイスです。
ぜひ参考にしてください。

近畿大学附属小学校

・説明会にて、行動観察の出題傾向の説明がありました。設問の説明をして、この中から数問出題しますと言われました。

・本の読み聞かせをたくさんしました。読み聞かせが親子の習慣になったことはとてもよかったと思います。また、話の聞き取りもしっかりできるようになったので、毎日の読み聞かせを、ぜひおすすめします。

・子どもの行動は、試験や面接中にはもちろんのこと、待機中なども観られていたと思います。会場では気を抜くことなく過ごすように 注意したほうがよいです。

帝塚山小学校

・今年度も説明会にて、考査の出題傾向の説明がありました。実際の試験では、説明があった内容の問題がそのまま出題されました。また、願書の書き方の細かな説明もありましたので、受験される場合は必ず参加されるのがよいと思います。

・保護者面接では、体験入学や説明会の印象について聞かれた方もいたようです。説明会だけでなく、学校を深く理解するためにも公開行事には参加した方がよいと思います。

・ペーパーテストは問題を解く力はもちろんですが、「聞く力」も問われているのだと痛感しました。

・面接時は先生が細かくメモをとられていました。

〈近畿大学附属小学校小学校〉

※問題を始める前に、本書冒頭の「本書ご使用方法」「本書ご使用にあたっての注意点」をご覧ください。
※本校の考査は鉛筆を使用します。間違えた場合は×で訂正し、正しい答えを書くよう指導してください。

**保護者の方は、別紙の「家庭学習ガイド」「合格ためのアドバイス」を先にお読みください。
当校の対策および学習を進めていく上で役立つ内容です。ぜひご覧ください。**

2024年度の最新問題

※ペーパーテストは、ひと続きのお話を聞きながら、解答するという形式で行われます。

問題1　分野：数量

〈準 備〉　鉛筆（２本）

〈問 題〉　秋になり校庭の木々は赤や黄色に染まっています。校庭で遊んでいたイヌのワンダは、砂場の方へ行きました。
（問題１－１の絵を渡す）
①砂場には色々な高さの砂山がつくられています。１番高い砂山は右から何番目ですか、その数だけ下の四角の中に○を描いてください。
②砂場にあるバケツとスコップの数はいくつ違いますか、その数だけ下の四角の中に○を描いてください。
③上の絵の中にある果物で最も実が多い果物はどれですか、その数だけ下の四角の中に○を描いてください。
④最も多い果物と最も少ない果物はいくつ違いますか、その数だけ下の四角の中に○を描いてください。

ワンダは砂場を後にすると、花壇へ向かいました。
（問題１－２の絵を渡す）
⑤１番多い、お花はどれですか、○で囲んでください。
⑥１番少ないお花と１番多い虫の数はどのくらい違いますか、その数だけ四角の中に○を描いてください。
⑦絵の中で、飛んでいる蝶はどのくらいいますか、その数だけ四角の中に○を描いてください。
⑧絵の中で２番目に少ないお花の数だけ四角の中に○を描いてください。

〈時 間〉　各15秒

〈解 答〉　①○：４　②○：１　③○：７　④○：３
⑤左端　⑥○：４　⑦○：７　⑧○：５

アドバイス

近年、本校では数の問題を絵と関連させて出題する傾向があります。こうした数の問題を解くには日常生活で数に親しんでいるかが重要です。お子さまがおもちゃを手にしている時など、さまざまな場面で「いくつありますか？」と質問する機会を増やすと数の感覚が養われます。また、図鑑を一緒に見ながら数を数えるということもおすすめです。本校の出題形式に近い状態に慣れること以外にも、図鑑を見ることは語彙や知識を同時に学ぶことができるため一石二鳥の学習になります。

【おすすめ問題集】
Ｊｒ・ウォッチャー14「数える」、37「選んで数える」

問題2　分野：数量

〈準 備〉　鉛筆（２本）

〈問 題〉　**この問題の絵は縦に使用してください。**
ワンダは砂場や花壇を巡っている間に、アメをなめていました。家を出る時には10個のアメを持っていましたが、今、何個あるかを確認すると左側の絵のようになっていました。ワンダはいくつアメを食べましたか。その数だけ右の四角に○を書いてください。

〈時 間〉　各15秒

〈解 答〉　下図参照

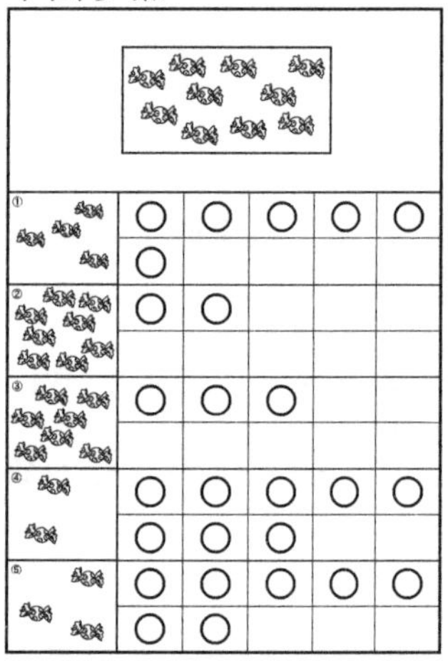

アドバイス

上のアメの数から左のアメの数を引けば、答えが導き出せます。比較的、難易度の低い問題なので確実に正解しておきたい問題です。着実に解くことのできる問題があると、お子さまが試験本番の安心材料にもなります。普段から、配膳の準備を手伝ってもらうときに、お皿の数やお箸の数、コップの数などを利用して「お皿とコップの数を合わせるといくつになる？」といった質問を取り入れていると自然と数の感覚が分かってくるようになり、問題を解くための力になります。

【おすすめ問題集】
Ｊｒ・ウォッチャー14「数える」、
38「 たし算・ひき算１」、39「たし算・ひき算２」

問題3　分野：図形（座標の移動）

〈準　備〉　鉛筆（２本）

〈問　題〉　①（問題３－１の絵を渡す）上のお約束を見てください。ワンダはお買い物を頼まれていたのを思い出し、コップを売っているお店を探しに行きます。ワンダが今いる場所から♥♠♦♦♦と進むと、どこに止まりますか。止まるところに○を描いてください。
②ワンダは結局、道に迷ってしまい、最初にいたところに戻ってしまいました。ワンダはもう一度、お店の方へ向かいます。今の場所から♣♦♦♠♣と進むと、どこに止まりますか。止まるところに×を描いてくださいい。
③ワンダはあたりを散歩します。今の場所から♠♥♥ q ♠♥と進むと、どこに止まりますか。止まるところに△を描いてください。

④（問題３－２の絵を渡す）上のお約束を見てください。ワンダが今の場所から♠♦♣と進むとどこに止まりますか。止まるところに○を描いてください。
⑤ワンダは学校に戻り花壇の手入れをします。スコップの場所からじょうろを取りに行くにはどのように進めばよいでしょうか。上の約束どおりにマスの中にマークを描いてください。
⑥じょうろから熊手を取りに行くにはどのように進めばよいでしょうか。上の約束どおりにマスの中にマークを描いてください。

〈時　間〉　各20秒

〈解　答〉　下図参照

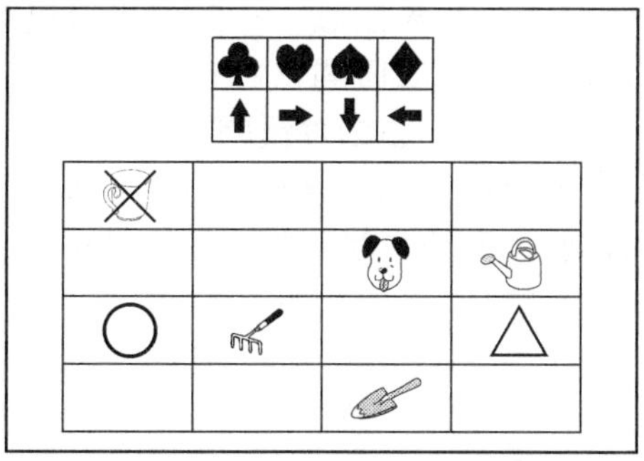

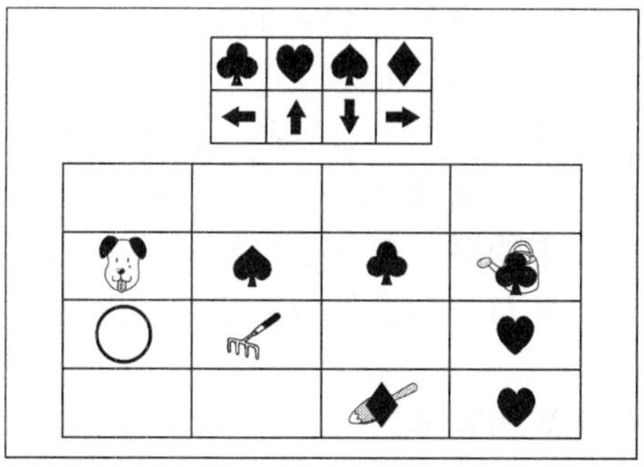

アドバイス

ここ数年の出題傾向を見ると、座標移動の問題は、出題される可能性が非常に高い問題と言えます。しっかりと、対策をしておきたい問題の１つです。座標の移動は一度に理解するのは難しいかもしれませんが、慣れてしまえば解けるようになります。最初のうちは、指さしで一つひとつの動きを確認するとよいでしょう。徐々に、指を使わなくでも位置を目で追えるようになります。また、問題を解き終わった後にも、「この場所に着くにはどうすればいいかな？」と復習したり、表に線を描き込んで、「この道をたどるにはどのマークを並べたらいいかな」と促してみたり、復習の方法としてゲーム感覚でできるので色々な方法をお試しすることをおすすめします。

【おすすめ問題集】
Ｊｒ・ウォッチャー47「座標の移動」

問題4 分野：図形（展開）

〈準 備〉 鉛筆（２本）

〈問 題〉 この問題の絵は縦に使用してください。
ワンダは折り紙を切って、遊んでいます。左の絵のように重なった折り紙を切って広げると綺麗な模様ができます。この左の折り紙を広げた時の正しい形はどれですか、右の絵から選んで〇をつけてください。

〈時 間〉 各20秒

〈解 答〉 下図参照

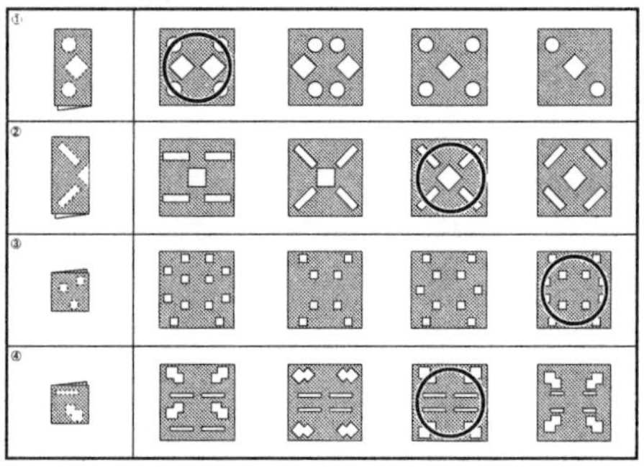

アドバイス

この問題は細かな模様も多くミスが起きやすい問題といえます。こうした問題は、手間がかかりますが、実際に目の前で同じような形に折り紙を切って確認することが重要です。後半の問題は２回、折られていますが、確認するときには、一気に折り紙を広げるのではなく、１回ずつ広げて、それぞれの穴がどのように展開されるか確認しましょう。その際、お子さまに一つひとつの穴がどこと対応しているのか質問してみるのもおすすめです。こうした練習を重ねるにつれて、絵を見るだけでもイメージができるようになってきます。他の問題でもそうですが、なるべく体験と関係させて学習をしていくことがしっかりとした実力をつけるうえでの、近道になります。

【おすすめ問題集】
Ｊｒ・ウォッチャー５「回転・展開」、８「対称」

家庭学習のコツ①　「先輩ママたちの声！」を読みましょう！

本書冒頭の「先輩ママたちの声！」には、実際に試験を経験された方の貴重なお話が掲載されています。対策学習への取り組み方だけでなく、試験場の雰囲気や会場での過ごし方、お子さまの健康管理、家庭学習の方法など、さまざまなことがらについてのアドバイスもあります。先輩ママの体験談、アドバイスに学び、ステップアップを図りましょう！

問題5 分野：推理

〈準備〉 鉛筆

〈問題〉 **この問題の絵は縦に使用してください。**
問題の絵を見てください。砂山の上でボールを転がして遊んでいます。左の絵のようにボールを転がすとどのようになりますか、右の絵から正しいものに○をつけてください。

〈時間〉 30秒

〈解答〉 下図参照

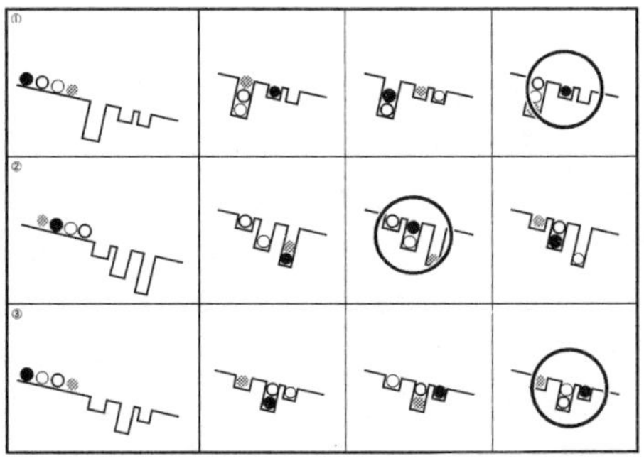

アドバイス

ボールの動きを一つずつ追っていくことが重要です。「手前の穴から最初に埋まっていき、ボールは穴に近いものが下になって重なる」、という法則が分かれば、そこまで難しくはありません。しかし、ボールの形が似ているものもあるので注意が必要です。選択肢をパッと見て早合点をし、ケアレスミスをするということが起こらないようにしましょう。そうしたミスをしないためには、ボールの動きを追っていくごとに誤った選択肢を消しながら解くことがおすすめです。やり方を理解するということに加えて、正しく解答するということまで気を配って練習することが重要です。

【おすすめ問題集】
Ｊｒ・ウォッチャー31「推理思考」、
私立小学校入試セレクト問題集　NEWウォッチャーズ　推理編1・2

問題6　分野：お話の記憶

〈準備〉　鉛筆

〈問題〉　この問題の絵は縦に使用してください。
お話を聞いて、後の質問に答えてください。

校庭にヒマワリが咲くころになりました。学校の休み時間、動物たちはみんな、好きなことをして遊んでいます。犬のワンダは校庭の大きな砂場で遊ぶのが大好きです。ワンダが砂場で遊んでいるとリスさんが砂場にやってきました。リスさんはワンダが持っていたものより少し小さなバケツと、スコップを持っています。「今日はお城をつくろうよ！」とワンダが提案しました。「いいね！」とリスさんは大きく頷きました。２匹が楽しそうに砂を掘り始めると、クマくんとキツネくんがやってきました。クマくんはミニカーを、キツネくんは星やハート、貝殻の形の型を持っています。「僕たちも混ぜて！」とキツネくんが言いました。「もちろん！」とワンダは答えました。「お城の周りに道路を作って、そのミニカーで遊ぼう！」とクマくんが、「お城を飾るのに星の型を使おう！」とリスさんが付け加えました。みんなで協力して、どんどんお城が大きくなっていきます。砂を積み上げ、バケツで形を整え、型で模様をつけました。キツネさんは貝殻の形をした砂型でお城を飾り、クマさんは砂のお城の横を少し掘ってミニカーを走らせました。仲良く、協力して素敵なお城ができたので動物たちは満足しています。ワンダやリスさん、キツネくんもクマくんのミニカーをつかってみんな楽しく遊んでいると、ミニカーに気をとられていたクマくんの足が砂のお城に当たってしまいました。すると、ザーッと砂のお城が崩れてしまいました。みんなは「あーっ」という声を上げました。ただ、ミニカーに熱中していてクマくんの足があたったことはクマくんにしか分かりませんでした。リスさんが「お城くずれちゃったね」と残念そうに言うと、休み時間の終わりを告げる学校の鐘が４回鳴って、みんなは砂場を後にしました。クマくんはワンダに砂のお城、崩してしまったことを謝ろうとしますが、なかなか言い出せません。どうしようと考えたクマくんは学校が終わってクッキーを持ってワンダの家に謝りに行こうと決めました。学校から帰ってからクマくんはワンダのお家へ行き、「今日はごめんんね。砂のお城を崩しちゃったのは僕なんだ」と言うと、ワンダは笑顔で「なんだそんなことなら全然気にしてないよ、また今度、一緒にもっと大きなお城をつくろう」と答えました。その後、ワンダとクマくんは仲良く一緒にクッキーを食べました。

①ワンダが持っていたものに、○をつけてください。
②リスさんが持っていたものに、○をつけてください。
③リスさんがお城を飾るのに提案した型の形はどれですか、○をつけてください。
④キツネさんはどの形の型を使ってお城を飾りましたか、○をつけてください。
⑤砂場では何匹の動物が遊びましたか、その数だけ四角の中に○を描いてください。
⑥休み時間の終わりに学校の鐘は何回鳴りましたか、その数だけ四角の中に○を描いてください。
⑦クマくんがワンダの家に持っていったものに、○をつけてください。
⑧このお話の季節はどれですか、○をつけてください。

〈時間〉　各15秒

〈解答〉　下図参照

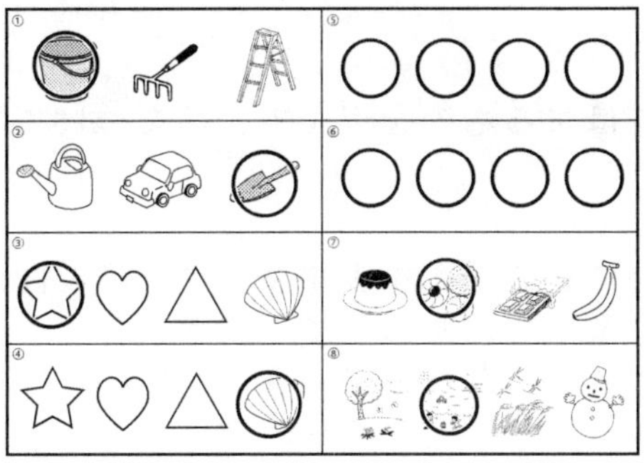

アドバイス

文章量の多いお話を一度に記憶するということは学習し始めのときには難易度が高いです。最初のうちは文章量の少ない問題、または長い文章でもある程度の長さで区切って学習することをおすすめします。また、お話を記憶するにはイメージをして覚えることが大切になりますので、お子さまがストーリーを想像しながら聞きとりができるよう促しましょう。例えば、「昨日、誰と何して遊んだの？」と読み聞かせを行う前に質問してみます。そうすると、お子さまは頭の中に昨日の場面を映像で思い出します。そして、「今、思い出したみたいに、これから読むお話を想像しながら聞いてね」というと想像しながらお話を聞くということが行いやすくなります。ぜひ、読み聞かせやお話の記憶の学習の際にお試しください。

【おすすめ問題集】

1話5分の読み聞かせお話集①・②、お話の記憶　初級編・中級編・上級編

Ｊｒ・ウォッチャー19「お話の記憶」

問題7　分野：複合（常識・言語）

〈準 備〉　鉛筆

〈問 題〉　①「ちぎる」という言葉に当てはまるものを選んで、○をつけてください。
②秋のものに○をしましょう。
③冬のものに○をしましょう。
④体の不自由な人が使うことができる場所を表すマークを○で囲んでください。
⑤絵の中で仲間はずれのものを選んで○をつけてください。
⑥四角の中を絵を使ってしりとりをした時、いらない絵に○をつけてください。
⑦桃太郎に登場する動物を選んで○をつけてください。
⑧サルカニ合戦に出てこない動物を選んで○をつけてください。

〈時 間〉　各15秒

〈解 答〉　下図参照

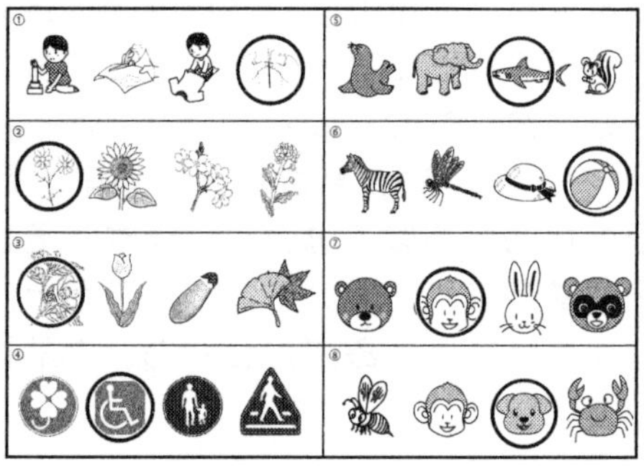

アドバイス

様々な分野のことが問われていますが、それも生活に根ざしたものです。ですので、普段の学習で知らないことがあったら図鑑を確認したり、新しいものに触れたら名前や特徴を調べるといったことが重要になります。また、出題のされ方として昔話に「でてくるもの」と「でてこない」ものが聞かれています。前の問題も登場したものだから、次の問題も同じことが聞かれるだろうと決めつけてしまうと間違えてしまいます。最後までしっかりと問題文を聞き、何を問われているのか、どのように解答すればいいのかを確認する癖をつけましょう。そうした癖をつけるためには、間違えた問題をなぜ間違えたのか理由をはっきりさせることが大事です。また、正解した問題もどのような考え方をしたのか確認することも正答率を上げることにつながります。ぜひ、日々の学習に取り入れてみてください。

【おすすめ問題集】
Ｊｒ・ウォッチャー12「日常生活」、18「いろいろな言葉」

問題8　分野：口頭試問

〈準備〉　折り紙、段ボール（工作用）

〈問題〉　この問題の絵はありません。

※志願者と試験官の１対１で実施（記録係の先生も同席）。

（質問例）

・犬のワンダがいろいろな遊びをしていましたね、〇〇さんはどんな遊びが好きですか。
・その遊びのどんなところが好きですか。

・お家で褒められたことはありますか。
・それはどんな時ですか。
・どんな気持ちになりましたか。

・遊びの時、約束事は守っていますか。
・どうして約束を守らないといけないと思いますか。

〈時間〉　適宜

〈解答〉　省略

アドバイス

口頭試問の対策は一朝一夕でできるものではありません。普段の挨拶をどのように行っているのか、返事はしっかりと相手の顔を見ているか、「です」「ます」をつけて答えることができるかなど練習が必要になります。また、お子さま自身が自分の言葉で話をする必要があるので、しっかりと考えを伝えるための対策が必要です。お子さまがしっかりと意見を伝えられるようになるにはご家庭の質問を積極的にするとよいでしょう。何かしたいとお子さまが主張した時にもその理由などを聞くとよいでしょう。質問をするのが難しい時には、５Ｗ１Ｈ（誰が、いつ、どこで、どのように、なにを、なぜ、どのように）を意識するとおすすめです。聞かれていることが明確でお子さまにとって、答えやすい質問になるはずです。

【おすすめ問題集】

面接テスト問題集、新口頭試問・個別テスト問題集

問題9　分野：生活巧緻性

〈準備〉　Ｂ４紙（１枚）、連絡袋、箸、積み木（１㎝角）、お椀

〈問題〉　この問題の絵はありません。

①Ｂ４の紙の角をそろえて半分に折ってください。
②巾着袋のひもを蝶結びで結んでください。
③お箸を使って、積み木をつまんでお椀に移してください。

〈時間〉　宜適

〈解答〉　省略

アドバイス

このテストで観られていることは身の周りのことをお子さまが一人で行うことができるのかということです。お箸の使い方もその一部と言えるでしょう。また、このテストでは、お椀の持ち方やお箸の持ち方、終わった後に片付けを行えるなども観られています。指示だけではなくその周辺も学校側は観ているということを理解しておくことが大切になります。そのうえで、できるだけ自分でできることはお子さまに任せるようにしましょう。そのうえで、やり方が違っていることがあれば、手助けをするという姿勢が重要です。

【おすすめ問題集】

Ｊｒ・ウォッチャー23「切る・塗る・貼る」、実践ゆびさきトレーニング①②③

問題10　分野：集団行動

〈準備〉　ビニールテープ、カゴ、ゴムボール

〈問題〉　この問題の絵はありません。

体ジャンケン（始める前に見本あり）
グー：しゃがむ、チョキ：手を胸の前でクロスさせる、
パー：腕と足を大きく広げる
・体を使って、５年生とジャンケンをする。

動物歩き（事前に見本あり）
・わに歩き、へび歩き、クマ歩きなど指定された生き物の歩き方をする。

なべなべそこぬけ
・２人でなべなべそこぬけを行う。
・４人でなべなべそこぬけを行う。

ミニゲーム（５年生と一緒に行う）
・２チームに分かれる。
・合図がなったらケンパをして進む。
・５年生のところまで進んだら、じゃんけんをする。
・じゃんけんに勝ったらボールを２つ、負けたら１つ取ってカゴに入れる。

〈時間〉　適宜

〈解答〉　省略

家庭学習のコツ②　「家庭学習ガイド」はママの味方！

問題演習を始める前に、試験の概要をまとめた「家庭学習ガイド（本書カラーページに掲載）」を読みましょう。「家庭学習ガイド」には、応募者数や試験課目の詳細のほか、学習を進める上で重要な情報が掲載されています。それらの情報で入試の傾向をつかみ、学習の方針を立ててから、対策学習を始めてください。

アドバイス

こういった課題では、どのように競争に勝つのかといった部分も観点の１つと言えますが、大事なことは集団内でのコミュニケーションの取り方です。円滑なコミュニケーションの取り方は、机上の学習ではなかなか身に付けることができません。お子さまはお友だちとの遊びの中で、他者とのかかわり方などを自然と学んでいきま。保護者の方はそのことを考慮して、受験一辺倒になるのではなく、お友だちと遊ぶ時間をできるだけ持てるように心がけてください。

【おすすめ問題集】

Ｊｒ・ウォッチャー28「運動」、新 運動テスト問題集

問題11　分野：保護者面接

〈準 備〉　なし

〈問 題〉　この問題の絵はありません。

【保護者へ】

・本校を志望した理由は何ですか。
・通学方法と通学時間を教えてください。
・本校に対して、何か希望がございましたら、教えてください。
・お子さまが、今、興味あることは何ですか。
・しつけで「これだけはしっかり」ということはありますか。
・幼稚園で、どんなことで褒められましたか。エピソードを聞かせてください。
・子育てで大切にしていることはなんですか。
・（兄姉が在校の方へ）近小で兄姉が成長したところはなんですか。

〈時 間〉　約15分

〈解 答〉　省略

アドバイス

当校の面接は保護者面接で、試験日前に行われます。当校の面接の特徴としては、お子さまのことを聞かれることはもちろんですが、具体的な園でのエピソードなども質問されることです。ですので、お話しできるエピソードを前もっていくつか考えておくとよいでしょう。また、教育に関する方針もご両親が共通した考えを持っているとよい印象を与えます。ただ、そうした考えは学校の考えに沿うもので無ければいけないので学校への体験入学や学校行事には参加するようにしましょう。面接の質問にも体験入学や学校行事の質問が登場することが多いので参加が必須と言えます。

【おすすめ問題集】

新 小学校面接Q＆A、面接テスト問題集、保護者のための入試面接最強マニュアル

2023年度の過去問題

※ペーパーテストは、ひと続きのお話を聞きながら、さまざまな問題に解答していくという形式で行われます。

問題12　分野：数量

〈準　備〉　鉛筆

〈問　題〉　秋の遠足に来たイヌのワンダは、お約束を破って草むらに続く道の方へ行ってしまいます。
①草むらには、チューリップがたくさん生えています。色の違うチューリップは、右から何番目ですか。その数だけ下の四角に○を書いてください。
②お花のまわりには、ちょうちょがたくさん飛んでいます。ちょうちょは全部で何匹ですか。その数だけ下の四角に○を書いてください。
③草むらには、チューリップの他にも、お花がたくさん咲いています。２番目に多いお花は何本咲いていますか。その数だけ下の四角に○を書いてください。

〈時　間〉　各15秒

〈解　答〉　①○：３　②○：９　③○：６

[2023年度出題]

アドバイス

当校で出題される数量の問題は、さまざまなバリエーションで出題されます。これは小学校に入学してから学ぶ、足し算・引き算の前段階として、数に対する感覚がそなわっているかを問うためです。学習の土台をつくる大切な時期ですから、繰り返しいろいろな具体物を使って「数」に慣れ親しんでおきましょう。最初の練習段階では、回答時間にこだわること無くていねいに解説し、お子さまの理解を深めてください。

【おすすめ問題集】

Ｊｒ・ウォッチャー14「数える」、37「選んで数える」

問題13　分野：数量

〈準　備〉　鉛筆

〈問　題〉　**この問題の絵は縦に使用してください。**
おなかが減ったワンダは、持ってきたおにぎりを食べることにしました。10個あったおにぎりをいくつか食べたら、左側の絵のようになりました。ワンダはいくつおにぎりを食べましたか。その数だけ右の四角に○を書いてください。

〈時　間〉　各15秒

〈解　答〉　下図参照

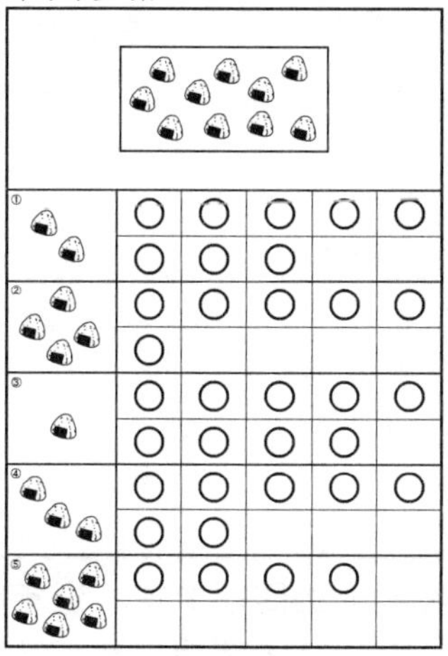

［2023年度出題］

アドバイス

このような数の問題は、普段の生活の中で、数の操作をした経験が考えの土台となります。自分の手でおやつなどを分けたり、配膳したりしていくことで、数への認識が深まり、数の増減を理解していきます。日常生活で、数を数えることから始まり、増減、比較などが自然にできるようになっていきます。「普段から数とふれあう機会」をできるだけ多く持てるよう、心がけてください。また、問題には制限時間が設けられています。類題を繰り返し練習することで、できるだけ多くの問題に慣れておきましょう。

【おすすめ問題集】
Ｊｒ・ウォッチャー14「数える」、
38「 たし算・ひき算１」、39「たし算・ひき算２」

問題14　分野：図形（座標の移動）

〈準備〉　鉛筆

〈問題〉　①（問題14－1の絵を渡す）上のお約束を見てください。ワンダがいないことに気づいたうさぎさんは、ワンダを探しに行きます。今の場所から♣♥♣♦と進むと、どこに止まりますか。止まるところに○をつけてください。

②（問題14－2の絵を渡す）上のお約束を見てください。もといたところに戻ってきたウサギさんは、別の場所を捜してみることにしました。今の場所から♠♥♥♥♠と進むと、どこに止まりますか。止まるところに○をつけてください。

③（問題14－3の絵を渡す）上のお約束を見てください。もといたところに戻ってきたウサギさんは、別の場所を捜してみることにしました。今の場所から♦♦♦♣と進むと、どこに止まりますか。止まるところに○をつけてください。

〈時間〉　20秒

〈解答〉　①すべり台　②いす（ベンチ）　③森

［2023年度出題］

アドバイス

上の条件を見て、ウサギさんを移動させる「座標の移動」の問題です。近年頻出される問題の一つですから、しっかりと対策をしておきましょう。この問題の要点は、約束を正しく理解しているかどうかです。また、それを目で追うだけではなく、ウサギさんといっしょに歩くつもりで解いてみるとよいでしょう。最もつけたい力は「条件を理解する力」です。類題に繰り返し解くことも大切ですが、１つの問題で条件を変えてみることも試してみましょう。

【おすすめ問題集】

Ｊｒ・ウォッチャー47「座標の移動」

問題15　分野：図形（展開）

〈準備〉　鉛筆

〈問題〉　**この問題の絵は縦に使用してください。**
左の絵のように、折った紙の一部を切り取って広げました。どのような形になりますか。右の絵から選んで○をつけてください。

〈時間〉　各20秒

〈解答〉　下図参照

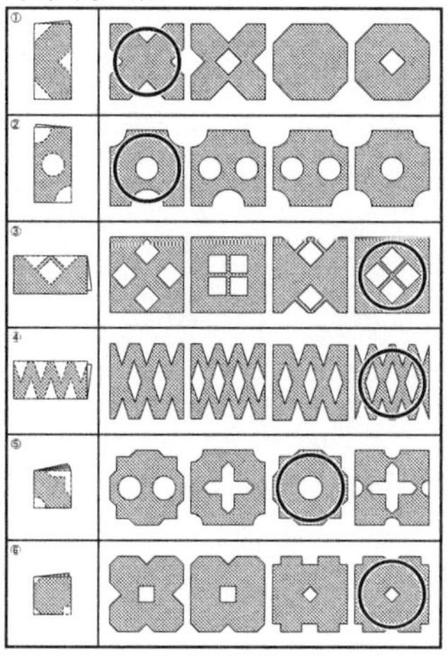

［2023年度出題］

アドバイス

展開の問題は、体験を積むことが理解を深める近道となります。実際に折り紙を使って、見本と同じように折り、白い部分をハサミで切り落とし、広げてみましょう。自分の答えが合っているかどうかが一目瞭然です。また、実際に折り紙で試す前に、どうしてその答えを出したのかをお子さまに説明させてみるのもよいでしょう。その後、実際に試してお子さまの予想通りになっているかを一緒に検証し、「折り目に開けた穴は、広げた時に大きくなるが、数は増えない」「折り目でないところに開けた穴は、広げた時に大きくはならないが、数が増える」という基本を確認します。練習を積み重ねることで、力がついてくる種類の問題です。類題を繰り返し解き、着実に力をつけていきましょう。

【おすすめ問題集】
Ｊｒ・ウォッチャー5「回転・展開」、8「対称」

家庭学習のコツ①　「先輩ママたちの声！」を読みましょう！

本書冒頭の「先輩ママたちの声！」には、実際に試験を経験された方の貴重なお話が掲載されています。対策学習への取り組み方だけでなく、試験場の雰囲気や会場での過ごし方、お子さまの健康管理、家庭学習の方法など、さまざまなことがらについてのアドバイスもあります。先輩ママの体験談、アドバイスに学び、ステップアップを図りましょう！

問題16　分野：図形（四方からの観察）

〈準備〉　鉛筆

〈問題〉　**この問題の絵は縦に使用してください。**
問題の絵を見てください。左側の積み木を上から見ると、どのように見えるでしょうか。右から選んで、○をつけてください。

〈時間〉　30秒

〈解答〉　下図参照

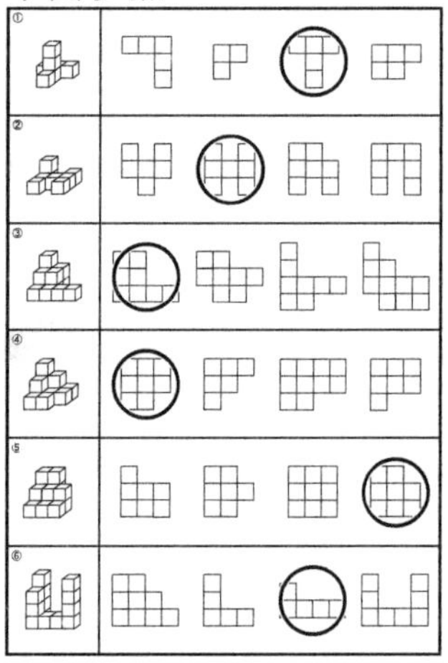

［2023年度出題］

アドバイス

この問題のポイントは、同じ積み木を違う視点から見たとき、どう見えるかが理解できているかどうかです。こういった問題理解するには、ふだんから実物を使った学習をしておくことです。実際に問題同様に積み木を積んでいき、見てみましょう。そしてその後に積み木の一部を移動させ、さっき見ていた視点とは違う視点で全体を見るという作業を行いましょう。この作業を繰り返し行っていくと、頭の中でもイメージして積み木を積み上げられるようになります。

【おすすめ問題集】
Ｊｒ・ウォッチャー53「四方からの観察　積み木編」

問題17　分野：お話の記憶

〈準備〉　鉛筆

〈問題〉　**この問題の絵は縦に使用してください。**
お話を聞いて、後の質問に答えてください。

今日は秋の遠足の日です。イヌのワンダは仲良しのお友達、リスくん、クマくん、ウサギさんと近くの広場で待ち合わせをして、キリン先生がいる集合場所まで一緒に向かうことにしました。広場に着くと、白いシャツに赤いリュックを背負ったクマくんがいました。「ワンダくんおはよう。」ワンダを見つけたクマくんが、元気よく挨拶します。「おはようクマくん。ウサギさんとリスくんはまだきてない？」「リスくんはぼくよりも先に着いていたけど、水筒を忘れてお家に取りに行ったよ。ウサギさんはまだ来てないな。」ワンダとクマくんがお話ししていると、リスくんとウサギさんがやってきました。「みんなおまたせ。」リスくんが少し慌てた様子で言いました。「さっき着いたところだから、大丈夫だよ。」そう言うとワンダは、青いリュックから、お気に入りの星マークの帽子を出して被りました。「みんなそろったし、キリン先生のところへ行こう」今日の遠足を楽しみにしていたワンダは、待ちきれない様子でそう言いました。集合場所に着いた4人は、キリン先生に連れられて、大きな公園にやってきました。「今から笛が鳴るまでの間、みんなで自由に遊びましょう。ただし、先生から見えるように、草むらの方には行かないでね。」「はーい。」元気よく返事をした4人は、それぞれ遊び始めました。ウサギさんはリスくんとドングリ集めを、クマくんは虫取りを、ワンダは探検ごっこをして遊んでいます。しばらくして、ピーという笛の音が鳴りました。「お昼ごはんの時間です。みんな集まってください。」キリン先生がみんなを呼ぶと、最初にリス君、次にウサギさんがやってきました。2人ともポケットがドングリでぱんぱんです。すぐあとにクマくんが来ました。「あれ、ワンダくんがいないよ。」ウサギさんが気づきます。「お約束を破って、草むらの方に行っちゃったのかも。」クマくんが言います。「大変だ。みんなで一緒にワンダくんを捜そう。」キリン先生がそう言うと、みんなは一緒にワンダを捜すことにしました。しばらく捜していると、「先生あそこ。」と、ウサギさんが指で指しました。指された方を見ると、ワンダが困り顔で辺りをきょろきょろ見回しています。「ワンダくん。」キリン先生が大きな声でワンダを呼びます。それに気づいたワンダは、キリン先生の方に走ってきました。「キリン先生、お約束を破ってごめんなさい。」ワンダは謝りました。

①クマくんが身につけていたものに、○をつけてください。
②リスくんがお家に忘れてきたものに、○をつけてください。
③ワンダのお気に入りの帽子に、○をつけてください。
④笛の音が鳴ったとき、２番目に来た動物に、○をつけてください。
⑤ワンダを見つけた動物に、○をつけてください。

〈時 間〉　各15秒

〈解 答〉　下図参照

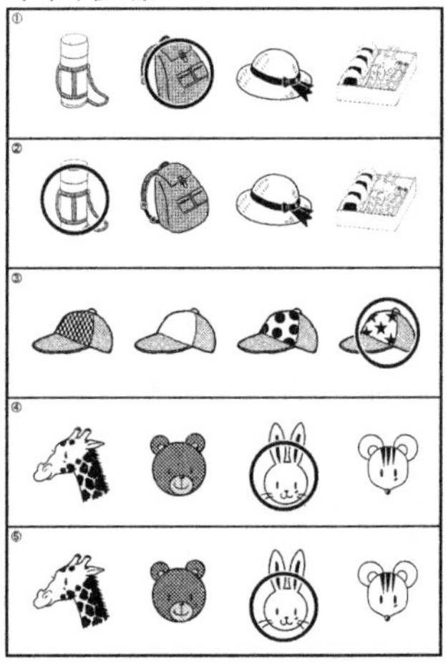

［2023年度出題］

アドバイス

長いお話を聞いて、その内容を正確に記憶することは大変なことです。こうしたお話を聞くという課題が毎年出題されるのは、今後の学校生活において、重要な意味を持っているためです。先生のお話を集中して聞き、それをしっかり記憶していかなければならないため、長時間継続して集中できるよう、訓練をしておくと良いでしょう。このような長文を記憶する際、場面をイメージしながら聞くことによって、内容がより記憶に残りやすくなります。一朝一夕で身につく力では無いため、普段からの読み聞かせやコミュニケーションなどを通して、着実に培っていきましょう。

【おすすめ問題集】

1話5分の読み聞かせお話集①・②、お話の記憶　初級編・中級編・上級編
Ｊｒ・ウォッチャー19「お話の記憶」

問題18　分野：複合（常識・言語）

〈準 備〉　鉛筆

〈問 題〉　①「きる」という言葉に当てはまらないものを選んで、○をつけてください。
②　２番目に大きいものに○をつけてください。

〈時 間〉　各15秒

〈解 答〉　①左端　②右から2番目

［2023年度出題］

アドバイス

小学校入試において、よく出題される分野です。考えて解く類いの問題ではなく、普段の生活を通して体験したこと、見聞きして学んだことがしっかりと身についているか、という点が問われています。また、このような常識や言語の分野は、問題の出題形式が多岐にわたります。指示をしっかりと聞き、何を問われているのか、しっかりと把握した上で解くようにしましょう。この問題を例に挙げるなら、設問①は「当てはまらないもの」、設問②では「２番目に大きいもの」という指示があります。難易度はさほど高くないため、前述した点さえ把握することができれば、正解できるでしょう。ケアレスミスをしないよう、落ち着いて解答しましょう。

【おすすめ問題集】
Ｊｒ・ウォッチャー12「日常生活」、18「いろいろな言葉」

問題19　分野：口頭試問

〈準備〉　折り紙、段ボール（工作用）

〈問題〉　この問題の絵はありません。
※自由遊びをしている途中に呼ばれて、志願者と試験官の１対１で行う。
（質問例）
・建物の中で遊ぶのと、外で遊ぶのとでは、どちらが好きですか。
・遊ぶとき、約束は守っていますか。
・どうして約束を守らなければいけないと思いますか。

※待機中は、準備した折り紙や、段ボールを組み立てて遊ぶよう指示がある。

〈時間〉　適宜

〈解答〉　省略

［2023年度出題］

アドバイス

テスターとの１対１で行われる口頭試問では、ペーパーテストや志願書類ではわからないお子さまの本質が観られます。人と接する時の態度やマナー、言葉遣いの中に、家庭での躾の様子だけでなく、ご家庭の教育方針をうかがうことができます。人の話をよく聞いて、しっかり答える姿勢を、お子さまとの会話を通して、ふだんから少しずつ培っていくようにしましょう。

【おすすめ問題集】
面接テスト問題集、新口頭試問・個別テスト問題集

問題20　分野：生活巧緻性

〈準 備〉　色鉛筆、巾着袋、箸、1cm四方の積み木、お椀

〈問 題〉　①問題20の絵に、色鉛筆を使って自由に色を塗ってください。
②巾着袋のひもを蝶結びで結んでください。
③お箸を使って、積み木をつまんでお椀に移してください。

〈時 間〉　宜適

〈解 答〉　省略

［2023年度出題］

アドバイス

例年行われている、「生活テスト」です。お箸を使って食事を口に運ぶこと、自分で着替えをすることなど、小学校生活を送るうえで必要となる基本的な生活技術が身に付いているかが観られます。小学校に上がると、自分のことは自分でするのが基本です。本人のためにも、自分の身の回りのことは自分で行う習慣を付けさせましょう。

【おすすめ問題集】
Ｊｒ・ウォッチャー23「切る・塗る・貼る」、実践ゆびさきトレーニング①②③

問題21　分野：集団行動

〈準 備〉　ビニールテープ、カゴ、ゴムボール

〈問 題〉　**この問題の絵はありません。**
ミニゲーム
・２チームに分かれる。
・合図がなったらケンパをして進む。
・先生のところまで進んだら、じゃんけんをする。
・じゃんけんに勝ったらボールを２個、負けたら１個うけ取ってカゴに入れる。

〈時 間〉　適宜

〈解 答〉　省略

［2023年度出題］

アドバイス

こういった課題では、どのように競争に勝つのかといった部分も観点の１つと言えますが、大事なことは集団内でのコミュニケーションの取り方です。円滑なコミュニケーションの取り方は、机上の学習ではなかなか身に付けることができません。お子さまはお友だちとの遊びの中で、他者とのかかわり方などを自然と学んでいきま。保護者の方はそのことを考慮して、受験一辺倒になるのではなく、お友だちと遊ぶ時間をできるだけ持てるように心がけてください。

【おすすめ問題集】
Ｊｒ・ウォッチャー28「運動」、新 運動テスト問題集

問題22　分野：保護者面接

〈準備〉　なし

〈問題〉　**この問題の絵はありません。**

【保護者へ】
・本校を志望した理由は何ですか。
・通学方法と通学時間を教えてください。
・本校に対して、何か希望がございましたら、教えてください。
・どのようなお子さまですか。
・しつけで「これだけはしっかり」ということはありますか。
・幼稚園で、どんなことで褒められましたか。エピソードを聞かせてください。
・休日はどのように過ごされますか
・お子さまは、受験をすることについて理解していますか。

〈時間〉　約15分

〈解答〉　省略

[2023年度出題]

アドバイス

当校の面接は保護者面接で、試験日前に行われます。面接時間は約15分。当校の面接の特徴としては、お子さまのことを聞かれることはもちろんですが、子どもに関係する時事的な出来事に対する考えなども質問されることです。両親が共通した教育観や倫理観、社会を子どもに示す際の姿勢を持っていることが非常に大切です。それ以外の質問では例年、体験入学などについて聞かれることが多いので、学校行事はかならず参加するようにしましょう。

【おすすめ問題集】
新 小学校面接Q＆A、面接テスト問題集、保護者のための入試面接最強マニュアル

家庭学習のコツ②　**「家庭学習ガイド」はママの味方！**

問題演習を始める前に、試験の概要をまとめた「家庭学習ガイド（本書カラーページに掲載）」を読みましょう。「家庭学習ガイド」には、応募者数や試験課目の詳細のほか、学習を進める上で重要な情報が掲載されています。それらの情報で入試の傾向をつかみ、学習の方針を立ててから、対策学習を始めてください。

〈帝塚山小学校〉

※問題を始める前に、本書冒頭の「本書ご使用方法」「本書ご使用にあたっての注意点」をご覧ください。
※本校の考査は鉛筆を使用します。間違えた場合は間違いの答えに「×」をして、正しい答えを書いてください。

保護者の方は、別紙の「家庭学習ガイド」「合格ためのアドバイス」を先にお読みください。
当校の対策および学習を進めていく上で役立つ内容です。ぜひご覧ください。

2024年度の最新問題

問題23　分野：言語（言葉の数）

〈準 備〉　鉛筆

〈問 題〉　この問題の絵は縦に使用して下さい。
左の絵の言葉と音の数が同じものに○をつけてください。

〈時 間〉　各15秒

〈解 答〉　下図参照

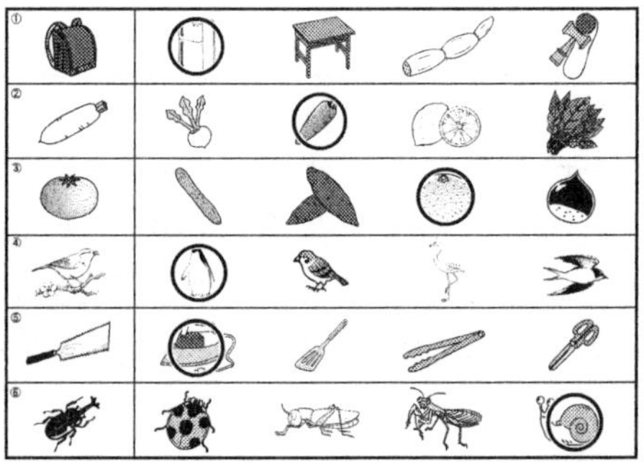

アドバイス

こうした言葉の問題は単純に暗記するというよりはお子さまが新しい経験をしたり、会話をしたりするなかで覚えていくものです。特に、ご家庭での会話の量は重要です。言葉は単に聞くだけではなく、自分で単語を使用し文をつくることで記憶に残ります。その意味で、語彙を増やすには会話を積極的に行うようにするとよいでしょう。ただ、どうしても日常生活だけでは補いきれない語彙もあります。そのため、様々な絵本の読み聞かせを行うことで普段、自分の目では見ることができない動物や道具などの単語を知ることができます。また、絵本だと絵もついているのでイメージとセットで記憶に残りやすくなります。できるだけ、色々なジャンルの絵本に触れて新しい単語に触れる機会を増やしていきましょう。

【おすすめ問題集】
Ｊｒ・ウォッチャー17「言葉の音遊び」、18「いろいろな言葉」、
60「言葉の音（おん）」

問題24　分野：図形の展開

〈準 備〉　鉛筆

〈問 題〉　この問題の絵は縦に使用して下さい。
左の折り紙を半分に折ったまま点線の部分を切りました。折り紙を広げた時にできる形に○をしましょう。

〈時 間〉　各20秒

〈解 答〉　下図参照

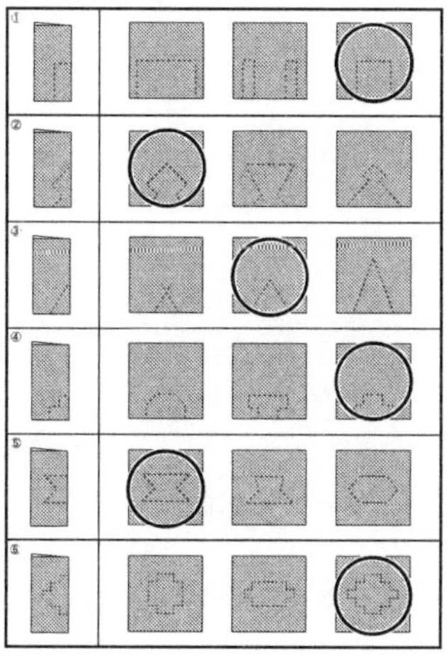

アドバイス

図形を使った問題は実際にやって見せるということが重要です。特に、このような問題は、折り紙という身近なものが題材になっているので、ぜひ、実際にやってみることをおすすめします。また、学習の気分転換として普段の遊びの中に折り紙を使った遊びを取り入れることが有効です。実際に触れ、折る・切る・広げるを経験し、お子さまが自ら法則性を見つけられるようにしていきましょう。

【おすすめ問題集】

Ｊｒ・ウォッチャー5「回転・展開」、9「合成」、54「図形の構成」

問題25　分野：図形の回転

〈準備〉　鉛筆

〈問題〉　この問題の絵は縦に使用して下さい。
矢印の方向に１回、回転させたらどうなりますか、○をしましょう。

〈時間〉　各15秒

〈解答〉　下図参照

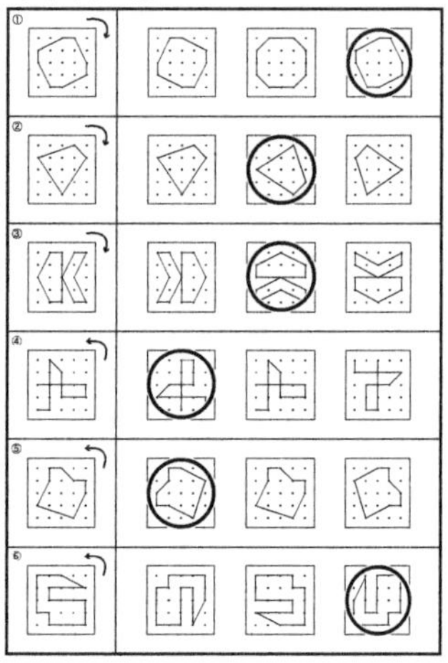

アドバイス

回転図形に関しても問題24の対策と同じく実際に回転させてみることをおすすめします。本問は点と点をつないでできる図形での出題になっていますが、この種類の問題はクリアファイルを使用すると効果的に学習できます。クリアファイルを問題に重ねて上からなぞり、それを回転させて正しい解答を探すというやり方です。このやり方であれば、一目で図形がどのように変化するか、確認できます。また、図形の問題は方向を変えれば、一度解いた問題でも新しい問題として解くことができますので、問題を１回解いて終わりにするのではなく、復習の機会として活用してきましょう。

【おすすめ問題集】

Ｊｒ・ウォッチャー5「回転・展開」、46「回転図形」

問題26　分野：図形（図形の構成）

〈準 備〉　鉛筆、白い紙

〈問 題〉　**この問題の絵は縦に使用して下さい。**
見本の絵をつくる時にいらないものを一つ選んで○をしましょう。

〈時 間〉　90秒

〈解 答〉　下図参照

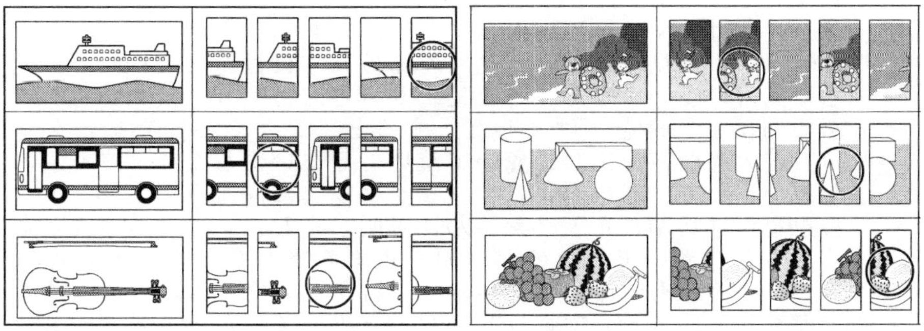

アドバイス

まずは、切り分けられた絵が元の絵のどの部分なのかということを把握してみましょう。そうすれば、同じ部分が描かれている絵を見つけることができます。そうなれば、どちらかが誤ったものなので、細かい部分を隣接する絵と比べて見ることで正解を導くことができます。こうした、まず確実に間違えているものを見つけてから正解を探すという方法は他の問題にも活用できるので、ぜひ、お試しください。

【おすすめ問題集】
Ｊｒ・ウォッチャー３「パズル」、４「同図形探し」、59「欠所補完」

問題27　分野：お話の記憶

〈準備〉　鉛筆、問題27の絵の②の○を左から赤、青、黄色、緑で塗っておく。

〈問題〉　お話を聞いて、後の質問に答えてください。

ある日の午後、森の動物たちが川辺でピクニックを楽しむことにしました。リスさん、ネズミくん、そしてウサギさんが集まり、みんなで楽しいひとときを過ごす計画です。リスさんは朝早くから森の中を駆け回り、美味しい木の実やドングリを集めました。ネズミくんは川辺で採れる新鮮なベリーを集めるのが得意で、赤や青のベリーをたくさん持ってきました。ウサギさんはお母さんと一緒に作ったにんじんサンドイッチと、美味しいお茶を用意しました。「みんな、川辺に行こう！」とウサギさんが声をかけました。「わぁ、楽しみだね！」とリスさんが喜びました。「美味しいご飯をたくさん持ってきたよ！」とネズミくんも笑顔で答えました。3匹が仲良く森の小道を歩いているとクマくんの姿が見えました。リスさんはクマくんに向かって「こんにちわ」と声をかけましたが、反応がありません。よく見てみると、クマくんはお片付けをしていて、川辺に向かう動物たちに気付いていません。そこで、リスさんはもう一度大きな声で「クマくん、こんにちは」と声をかけました。すると、クマくんは肩をビクッとさせて「うわっ」と大きな声を出し、驚いて泣いてしまいました。リスさんは「いきなり大きな声を出して、ごめんよ、今、ピクニックに向かうところでクマくんが見えたから声をかけたんだ」とクマくんに説明しました。、リスさんの説明を聞くとクマくんも落ち着いてきたのか、涙も止まりました。ネズミくんは「せっかくだから、クマくんも一緒にピクニックに行かない？」と誘うと、クマくんは頬っぺたを赤くして、「一人でさみしいな、と思っていたところだったんだ、ぜひ、一緒に行きたいな」と言いました。そして、先ほどの涙とは違い今度は嬉し泣きをしました。クマくんも入れて、みんなで、川のほとりに到着しました。川の水は澄んでいて、キラキラと太陽の光を反射しています。川のそばには大きな木があり、その木陰がピクニックにぴったりの場所でした。「ここがいいね！」とウサギさんが言いました。みんなでシートを広げ、リボンで飾りつけもします。ウサギさんは持ってきた赤や青、黄色とリボンを木にくくりつけました。リスさんも近くに咲いていたスイセンの花を摘んでシートの真ん中に飾ります。みんなで持ってきたご飯も並べます。リスさんが集めた木の実やドングリは、綺麗にお皿に盛り付けられました。ネズミくんのベリーは甘い香りがして、色鮮やかです。ウサギさんのにんじんサンドイッチはふわふわのパンとシャキシャキのにんじんが美味しそうです。「いただきます！」とみんなで声を揃えて言いました。

①何のお花を摘みましたか、○をつけてください。
②出てこなかったリボンの色に○をしましょう。
③このお話の季節に○をつけてください。
④くまさんの気持ちはどうでしたか、○をつけてください。

〈時間〉　各10秒

〈解答〉　①左端　②右端
③左から２番目　④右端

アドバイス

この問題で注意すべき点は「嬉し泣き」の部分です。泣くというと直観的に悲しいという気持ちと結びつけて考えてしまいがちですが、この問題のように「悲しい」とは真逆の答えになってしまうこともあります。もちろん、嬉し泣きという言葉とその意味を知っていることも重要ですが、物語の流れから類推する習慣を付けておくことも知らない言葉に対処する力になります。この問題の場合も、クマくんが喜んでいるセリフがあるので、言葉につられず、全体の流れからすると嬉しい表情が答えだとわかります。気持ちの類推という点では、お子さまへ読み聞かせの際に、登場人物の気持ちについて質問をするということが有効です。その際に、なぜそう考えたのか、理由も聞きましょう。お子さまが物語の文脈を理解できているのか把握することができます。もし、全体の流れを把握できていないようなら前後の場面を振り返り、ストーリーの流れが理解できるよう促しましょう。

【おすすめ問題集】

1話5分の読み聞かせお話集①・②、お話の記憶 初級編・中級編・上級編、
Ｊｒ・ウォッチャー19「お話の記憶」

問題28 分野：口頭試問

〈準 備〉 色の異なる椅子5つ

〈問 題〉 5人グループで行われる。
色がついた椅子に座って順番を待ち、「黄色い椅子の人、前に来てください」のと、椅子の色で呼ばれる。
・お名前と幼稚園の名前を教えてください。
（問題28-1の絵を見せて）
・「これはどんな様子の絵ですか、思いついたことを話してください」

5人程度の集団で話し合う
（問題28-2の絵を見せて）
・普通の顔の猫がいます。
・猫はドアの前にいます。
・この絵の続きの話を考えましょう。
終わったら、元の椅子に座る。

〈時 間〉 適宜

〈解 答〉 省略

アドバイス

この口頭試問は明確な解答があるわけでありません。自分の考えを話すことができるか、その時の態度はどのようなものか、そして、お子さまの意欲を観ています。また、集団での行動観察もありますので、他人の意見を聞き円滑なコミュニケーションがとれるか、課題に対して積極的に向き合っているかということも大切です。

【おすすめ問題集】

面接テスト問題集、新 口頭試問・個別テスト問題集

問題29　分野：行動観察

〈準備〉　新聞紙、セロハンテープ

〈問題〉　この問題の絵はありません。
5人程度のグループで実施（上靴を脱いで行った）。
①新聞紙を床に敷き詰めてください。
②敷き詰めた新聞紙をセロハンテープを使って留めましょう。
全て留め終わったら、グループみんなで持ち上げたりして遊ぶ。

〈時間〉　適宜

〈解答〉　省略

アドバイス

行動観察では協力して、仲良く、言われたことを実行できるかということが観られているのはもちろんのこと、脱いだ上靴をそろえられているか、使い終わった新聞紙を片付けられているかといったことも観られます。この課題では最後、つくった新聞紙の制作物で遊びますが、その際にはしゃぎすぎてしまって悪目立ちしたり、終わってからの切り換えができなかったりするとマイナスの印象になります。しっかり、ＴＰＯに合わせて行動できるということが求められているのです。そのため、日常動作を身に付けておくことに加えて、遊びからその他のことを行う時にしっかりとお子さまが行動を切り替えられているかということも意識する必要があります。

【おすすめ問題集】
Ｊｒ・ウォッチャー29「行動観察」

問題30　分野：運動（行動観察）

〈準備〉　カラーコーン、ビニールテープ、縄跳び、コーン（二つ）、
ビニールボール（試験では0号より小さいものを使用）

〈問題〉　**この問題の絵はありません。**

・的あて
マジックテープがついている的にボールを投げましょう（２回実施）。
・ケンパ
ビニールテープの印からはみ出ないよう、ケンパで渡る。
・縄跳び
合図が鳴ったら前跳びをする。「やめ」の合図で縄跳びを結ばずに床に置く。（1分）
・ボール投げ
先生が投げたボールをキャッチしましょう。
・スキップ
スキップをする。（20秒）

以上で終了です。使用したゼッケンをハンガーにかけて片付けましょう。

〈時間〉　適宜

〈解答〉　省略

アドバイス

運動テストは項目がいくつかありますが難易度自体はさほど高いものではないでしょう。それよりも重要なのは待つときの姿勢や聞く時の態度です。特に、このテストでは最後に使用したゼッケンをハンガーにかけてお片付けをするところまで行動観察として観られています。また、試験当日では、だらけている人に引っ張られてしまい、しっかりとした態度が維持できないことも考えられます。こうした時に、重要なのは習慣として聞く姿勢や待つ態度が備わっているということです。ぜひ、日常生活から姿勢を身に付ける練習をしていきましょう。例えば、お子さまは保護者の方が話している時に、顔が話している人の方向を向いているでしょうか。できていないようであれば、その場で指摘し、正しい態度を教えることが重要です。試験本番の状態で、普段の態度が出てもいいように準備をしておきましょう。

【おすすめ問題集】
新運動テスト問題集、Ｊｒ・ウォッチャー28「運動」29「行動観察」

問題31　分野：保護者面接

〈準　備〉　なし

〈問　題〉　この問題の絵はありません。

（質問例）

【父親への質問】

・志望理由をお聞かせください。
・体験入学や説明会の印象を教えてください。
・体験入学でのお子さまの様子をお聞かせください。
・ホームページのトピックスをご覧になったことはございますか。
・10年後、どのような子どもに育ってほしいですか。
・お子さまは何に興味を持っていますか。
・（上記の質問で「料理」と回答）
料理をする中で、包丁やフライパンを使うことがあります。今はそのような道具を使用するのは危ない、といった意見もありますが、どのように思われますか。

【母親への質問】

・体験入学や説明会の印象を教えてください。
・今、幼稚園や保育園でお子さまが興味を持っていることはなんですか。
・子育てで大切になさっていることは何ですか
・（上記の質問で「自分から挨拶すること」と回答）
自分から挨拶できるようになりましたか。
・考査当日、こちらが配慮することはありますか。

〈時　間〉　適宜

〈解　答〉　省略

アドバイス

当校の面接は、面接官が２名で、約10分間行われました。父親・母親によって質問内容が異なっていますが、事前に、ご家庭の教育方針などを言語化して共有しておくことが大切になります。一貫した方針があるということを示すことで普段から会話で教育について話しているという印象が残ります。ただ、その教育方針は学校の方針と沿っているものにしましょう。その意味で体験入学や説明会に参加して学校が何を求めているかをしっかりと把握しておきましょう。例年、体験入学や説明会の印象を聞かれておりますので、何を答えるかある程度、考えておくことをおすすめします。使う言葉に関してですが、気負わずに自分の言葉で話すようにしましょう。詰まってしまうようなことがあったとしても、焦るのではなく落ち着いて考えを話すことが大切です。

【おすすめ問題集】

新 小学校受験の入試面接Ｑ＆Ａ、保護者のための入試面接最強マニュアル、
家庭で行う面接テスト問題集

2023年度の過去問題

問題32　分野：言語（頭音つなぎ）

〈準備〉　鉛筆

〈問題〉　左の絵の最初の音をつないでできるものを右から選んで○をつけてください。

〈時間〉　各15秒

〈解答〉　下図参照

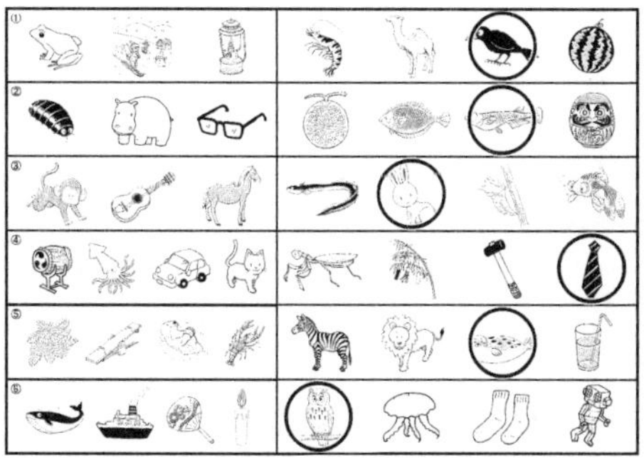

［2023年度出題］

アドバイス

近年、小学校受験では、このような言葉の音に関する問題の出題が増えています。こうした問題の観点は、語彙力の豊かさです。生活に関する言葉を年齢相応に知っていて、実際にその言葉を使っていなければ、なかなか身につけることができません。しかし、家庭によって生活環境は異なります。例えば、「扇風機」や「こたつ」がないご家庭も最近では多いのではないでしょうか。問題によく登場するものについては、過去問や類題をチェックした上でお子さまの語彙を増やしておきましょう。そういう場合に効率がよいのが言葉遊びです。しりとりや、同頭語、同尾語などを集める、あるいは「ことばカード」をつかったゲームなどでもよいでしょう。「お勉強」という形ではなく、楽しみながら知識を身に付けることで、学習効率を上げることができます。

【おすすめ問題集】
　Ｊｒ・ウォッチャー17「言葉の音遊び」、18「いろいろな言葉」、
　60「言葉の音（おん）」

問題33　分野：図形（合成）

〈準 備〉　鉛筆

〈問 題〉　**この問題の絵は縦に使用して下さい。**
左の図を作るとき、いらないものを右から選んで○をつけてください。

〈時 間〉　各20秒

〈解 答〉　下図参照

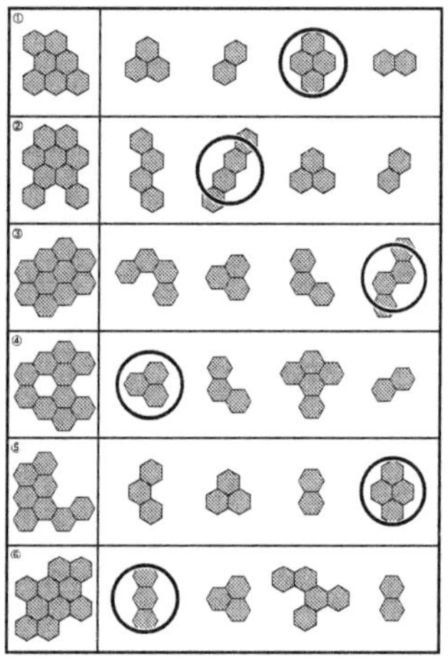

［2023年度出題］

アドバイス

パズルの問題です。ピース数が多く、後半は選択肢が見本と違う向きで配置されていること、形が複雑なことから、お子さまにとって、難しい問題となっています。パズルや図形合成の問題を頭の中で考える際は、絵や図形の中の特徴的な部分に注目し、その次にほかのピースを見ていくと解きやすくなります。また、本問の場合は、ピースの数にも着目しましょう。設問①を例に挙げるなら、見本のピースの数は７つ、選択肢にはそれぞれ、３つ、２つ、４つ、２つのピースで構成されたパーツがあります。この中から３つを選んで、ピースの合計が７つになるようにする場合、２＋２＋３＝７となり、４つのピースで構成されたパーツが不要となります。このように、パズルにふだんから親しんでいると、パズルや図形合成への考え方が自然に身に付いていきます。多くの小学校入試の問題を解くために必要となる力は、遊びがベースとなって多くのことが身に付いていきます。できるだけ、さまざまな遊びにふれさせるようにしてください。

【おすすめ問題集】
Ｊｒ・ウォッチャー３「パズル」、９「合成」、54「図形の構成」

問題34　分野：推理（迷路）

〈準　備〉　鉛筆

〈問　題〉　この問題の絵は縦に使用して下さい。
上の絵を見てください。ロケットが地球までたどりつく道を下の３つから選んで、○をつけてください。移動するときは、線の上を通ります。

〈時　間〉　各15秒

〈解　答〉　下図参照

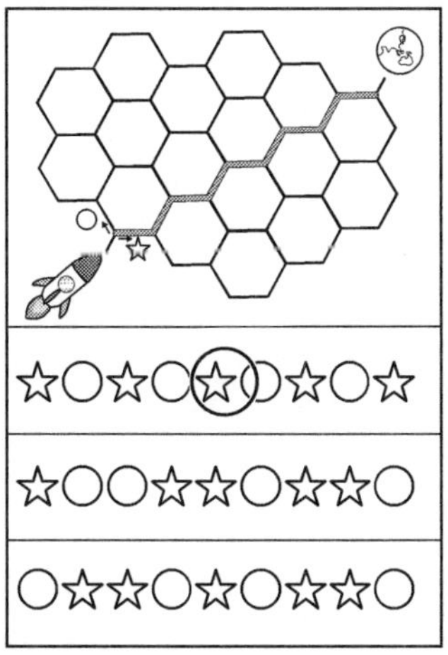

[2023年度出題]

アドバイス

条件迷路は、系列と同じように、約束に示された規則を迷路の中に見つけてたどっていくものです。小学生向けのパズルブックなどでもよく見かけるものですから、楽しく遊びながら練習できる分野と言えるでしょう。とはいえ、決められた約束の通りに迷路をたどる動作をしなくてはなりませんから、繰り返し出てくる並び順を頭の中に置いて絵を探していくのがコツです。おすすめ問題集を活用して、繰り返し楽しく練習しましょう。

【おすすめ問題集】
　Ｊｒ・ウォッチャー６「系列」、７「迷路」

問題35　分野：四方からの観察

〈準　備〉　鉛筆、白い紙

〈問　題〉　**この問題の絵は縦に使用して下さい。**
左の積み木を上から見ると、どのように見えますか。右から選んで○をつけてください

〈時　間〉　30秒

〈解　答〉　下図参照

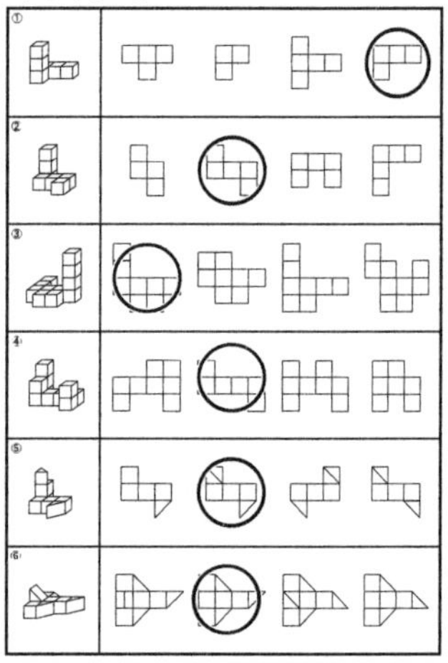

［2023年度出題］

アドバイス

立体的な形を四方から見るとどう見えるか、といった課題は、積み木を題材にしてよく出題されます。今回はその積み木を真上から見た形を問う内容ですが、お子さまにとって立体的な形を平面的な形で捉えるといったことは、非常に難易度の高い内容です。具体物をつかって状態を再現した後、スマートフォンのカメラ等を使って、真上からや真横などから撮影し、実際に平面的になるとどのような形になるのか、実感させてみると理解しやすいでしょう。このような問題を解く力は、類題を繰り返し解くことによって培われていきます。根気強く取り組みましょう。

【おすすめ問題集】
　Ｊｒ・ウォッチャー10「四方からの観察」

問題36　分野：お話の記憶

〈準備〉　鉛筆

〈問題〉　お話を聞いて、後の質問に答えてください。

雨上がりの秋の日、いちかさんは、お友だちのえみさんのお家に遊びに行く約束をしました。えみさんのお家に向かう途中、いちかさんがよく遊ぶ公園を通りかかりました。公園ではいちかさんが大好きな乗り物がゆらゆらと大きく揺れています。少し寄り道したくなりましたが、えみさんが待っているので、いちかさんはまっすぐえみさんのお家に向かうことにしました。少し歩くと、おばあちゃんが花壇を掃除していました。花壇には秋ならではのお花が綺麗に咲いています。いちかさんは、もっと近くで見たいなと思いましたが、えみさんを待たせてはいけないと思い、道を急ぎました。やっとのことで、えみさんのお家が道路の向かい側に見えてきました。車が来ていないことを確認したいちかさんは、急いで道路を渡ろうとします。「こら！」しかしいちかさんは、道路を渡る前に、通りかかったバイクに乗った郵便屋さんに怒られてしまいました。「道路を渡ったら危ないじゃないか。」いちかさんは「ごめんなさい」と謝ると、少し先にある、横断歩道にむかって歩き出しました。横断歩道についたいちかさんは、車が来ていないことを確認して、今度こそと歩き出そうとしました。「あぶないよ！」しかしいちかさんは、隣にいたお姉さんに注意されてしまいます。いちかさんが渡ろうとした横断歩道の信号が、まだ青ではなかったのです。それに気がつかなかったいちかさんは、声を掛けてくれたお姉さんに「教えてくれてありがとうございます。次からは気をつけます。」と伝えると、信号が青になったのを確認して、横断歩道を渡りました。えみさんのお家に着くと、えみさんのお母さんが暖かくて甘い飲み物を用意してくれました。その日いちかさんとえみさんは、お家で楽しく遊びました。

①いちかさんの大好きな乗り物はどれですか。絵の中から選んで、○をつけてください。
②おばあちゃんのお家の花壇には、どんなお花が咲いていましたか。絵の中から選んで、○をつけてください。
③いちかさんが横断歩道ではないところを渡ろうとしたとき、注意してくれた人が乗っていたものと、同じ色の食べ物はどれですか。絵の中から選んで、○をつけてください。
④えみさんのお母さんが用意してくれた飲み物はどれですか。絵の中から選んで、○をつけてください

〈時間〉　各10秒

〈解答〉　①左端（ブランコ）　②右から２番目（コスモス）
③左から２番目（リンゴ）　④左から２番目（ココア）

［2023年度出題］

アドバイス

当校の「お話の記憶」のお話は、子どもがよく体験する日常のできごとが題材であることから、お子さまにとって聞きやすいものとなっています。お話を聞いて記憶するコツは、登場人物や場面、出てくるものを具体的にイメージしながら聞くことです。主人公になったつもりで聞くことができれば、イメージはより鮮明なものになるでしょう。ふだんの読み聞かせで、絵本だけでなく、絵のない本でも行うことで、想像しながら聞く練習をしてください。また、本問では「公園にある、ゆらゆらと揺れる乗り物」や、「秋ならではのお花」、「暖かくて甘い飲み物」等々、設問に関係するキーワードが直接表現されない、といった点が特徴的です。類題と比較して、よりいっそうイメージする力が試される問題といえます。しっかりと対策をして臨みましょう。

【おすすめ問題集】

1話5分の読み聞かせお話集①・②、お話の記憶 初級編・中級編・上級編、
Ｊｒ・ウォッチャー19「お話の記憶」

問題37 分野：口頭試問

〈準備〉 色の異なる椅子5つ

〈問題〉 5人グループで行われる。
色がついた椅子に座って順番を待ち、「黄色い椅子の人、前に来てください」のように、椅子の色で呼ばれる。
・あなたのお名前と、幼稚園の名前を教えてください。
（問題37の絵を見せて）
・この絵を見てお話をしましょう。
・これに名前をつけるとしたら、何がよいですか。
終わったら、元の椅子に座る。

〈時間〉 適宜

〈解答〉 省略

［2023年度出題］

アドバイス

口頭試問の問題には正解がありません。お子さまが発言したことから、答えが自由に広がっていきます。評価の対象となるのは、志願者が複数いる場で自分の意見を積極的に言えるか、他人の意見を聞き答えるというコミュニケーションがとれるか、といった点です。こういった行動観察がさかんに行なわれるのは、入学後の学校生活がスムーズに過ごせるか、集団行動ができるのかということを知りたいからでしょう。これは、学校から見ると学力よりも重大な関心事です。

【おすすめ問題集】

面接テスト問題集、新 口頭試問・個別テスト問題集

問題38　分野：行動観察

〈準備〉　なし

〈問題〉　５人程度のグループで行われる。
（問題38の絵を見せて）
この絵を見て、皆で話し合いましょう。

〈時間〉　適宜

〈解答〉　省略

［2023年度出題］

アドバイス

集団での口頭試問では、ほかのお子さまの話に関心を持ち、しっかりと聞けるかどうか、はしゃぎすぎたり目立とうとしすぎたりしないか、といった年齢相応の協調性と、自分の考えを発言する積極性が見られています。引っ込み思案なお子さまでも、がんばって手を挙げられるように練習してみましょう。また、元気なお子さまは、元気すぎて悪目立ちすることのないよう、大声の返事などはせず、はきはきと手を挙げる練習をしましょう。生活習慣や日常動作が身についているかどうかも観られます。

【おすすめ問題集】
Ｊｒ・ウォッチャー29「行動観察」

問題39　分野：運動（行動観察）

〈準備〉　体操着、段ボール

〈問題〉　この問題の絵はありません。
５人グループで行われる。
皆で協力して、段ボールを高く積み上げましょう。

〈時間〉　適宜

〈解答〉　省略

［2023年度出題］

アドバイス

この行動観察の課題で観られているのは、お友だちとの協調性です。ダンボールを高く積んでいく時に、集団でしっかりと話し合えるかということを観ています。積極的に自分の意見を主張できることはもちろん大切ですが、お友だちの意見を聞かずに自分の意見を通したり、反対に意見が通らなかったときに不機嫌になるなどの行為は好ましくありません。また、人見知りをするお子さまは無理に意見を言おうとするんｐではなく、お友だちの意見を受け入れ、協力する姿勢で臨むことを心得ましょう。また、課題が終わった後の片付けも重要なポイントです。

【おすすめ問題集】
新運動テスト問題集、Ｊｒ・ウォッチャー28「運動」29「行動観察」

問題40　分野：運動（行動観察）

〈準備〉　カラーコーン、ビニールテープ、縄跳び、ボール（試験では玉入れの玉を使用）

〈問題〉　この問題の絵はありません。

・コーンタッチ
合図が鳴ったら、「やめ」といわれるまで左右に配置されたコーン（間隔約２m）を、タッチしながら走り、往復する。（20秒）
・ケンパ
ビニールテープの印からはみ出ないよう、ケンパで渡る。
・縄跳び
合図が鳴ったら前跳びをする。「やめ」の合図で縄跳びを結ばずに床に置く。（1分）
・ボール投げ
玉入れ用の玉を使用し、的当てをする。
・スキップ
スキップをする。（20秒）

〈時間〉　適宜

〈解答〉　省略

［2023年度出題］

アドバイス

例年行われる運動テストです。それぞれの課題は、年齢相応の運動能力があれば、難しいものではありません。いくつかの項目については、それぞれ「できる」から「できない」までの数段階でチェックされ、その合計点によって評価されるようです。ちろん、取り組む態度以外に待機中の様子も観察の対象です。こうした運動の課題は、運動能力をはかるだけでなく、全体として行動を観察されるものと考えましょう。特に今回の運動テストでは、全体的に持久力を要する課題が多く、「最後まで諦めずに取り組むことができるか」という点が重要視されたようです。

【おすすめ問題集】
新運動テスト問題集、Ｊｒ・ウォッチャー28「運動」29「行動観察」

問題41　分野：保護者面接

〈準 備〉　なし

〈問 題〉　この問題の絵はありません。

（質問例）

【父親への質問】

・志望理由をお聞かせください。
・体験入学や説明会の印象を教えてください。
・体験入学でのお子さまの様子をお聞かせください。
・ホームページのトピックスをご覧になったことはございますか。
・10年後、どのような子どもに育ってほしいですか。
・お子さまは何に興味を持っていますか。
・（上記の質問で「料理」と回答）
　料理をする中で、包丁やフライパンを使うことがあります。今はそのような道具を使用するのは危ない、といった意見もありますが、どのように思われますか。

【母親への質問】

・体験入学や説明会の印象を教えてください。
・今、幼稚園や保育園でお子さまが興味を持っていることはなんですか。
・子育てで大切になさっていることは何ですか
・（上記の質問で「自分から挨拶すること」と回答）
　自分から挨拶できるようになりましたか。
・考査当日、こちらが配慮することはありますか。

〈時 間〉　適宜

〈解 答〉　省略

［2023年度出題］

アドバイス

当校の面接は、面接官が２名で、約10分間行われました。父親・母親によって質問内容が変わっていますが、それぞれが答える時に、２人に共通する教育観などを学校側に見せられるとよいでしょう。ここでお互いがまったく違う意見を言うと、お子さまについて話し合っていないという印象を与えかねません。質問内容では例年、体験入学や説明会の印象を聞かれることがあるので、必ず参加するようにしましょう。面接の雰囲気ですが、面接官は２人とも質問に対して、メモを細かく取ります。緊張感がありますが、使い慣れた言葉で、落ち着いて回答しましょう。

【おすすめ問題集】

新 小学校受験の入試面接Ｑ＆Ａ、面接最強マニュアル

☆近畿大学附属小学校

問題１－１

①	③
②	④

問題 1 − 2

⑤

⑦

⑥

⑧

日本学習図書株式会社

☆近畿大学附属小学校

2025年度　近畿大附属・帝塚山小　過去　無断複製/転載を禁ずる

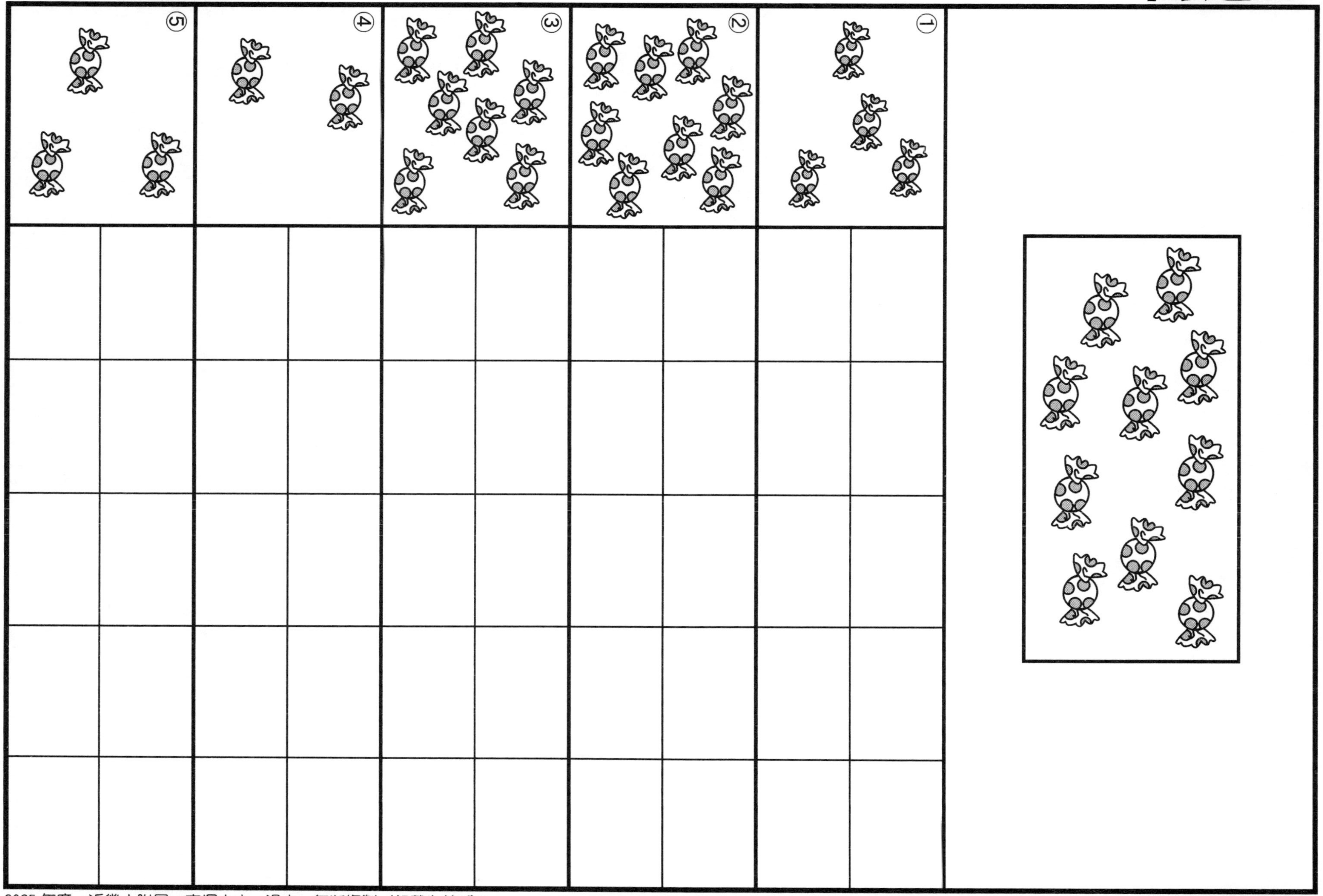

☆近畿大学附属小学校

問題3－1

☆近畿大学附属小学校

2025年度　近畿大附属・帝塚山小　過去　無断複製／転載を禁ずる　　日本学習図書株式会社

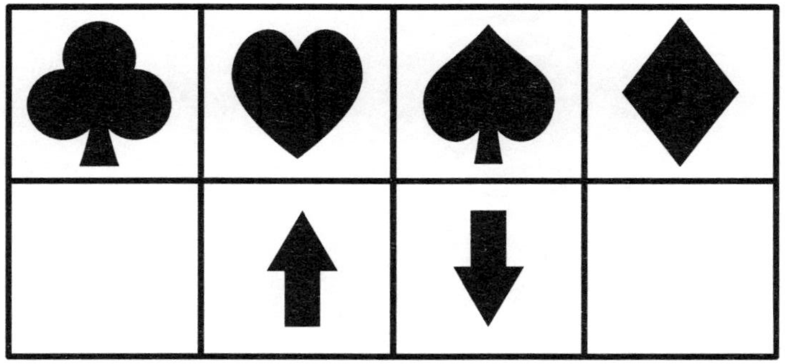

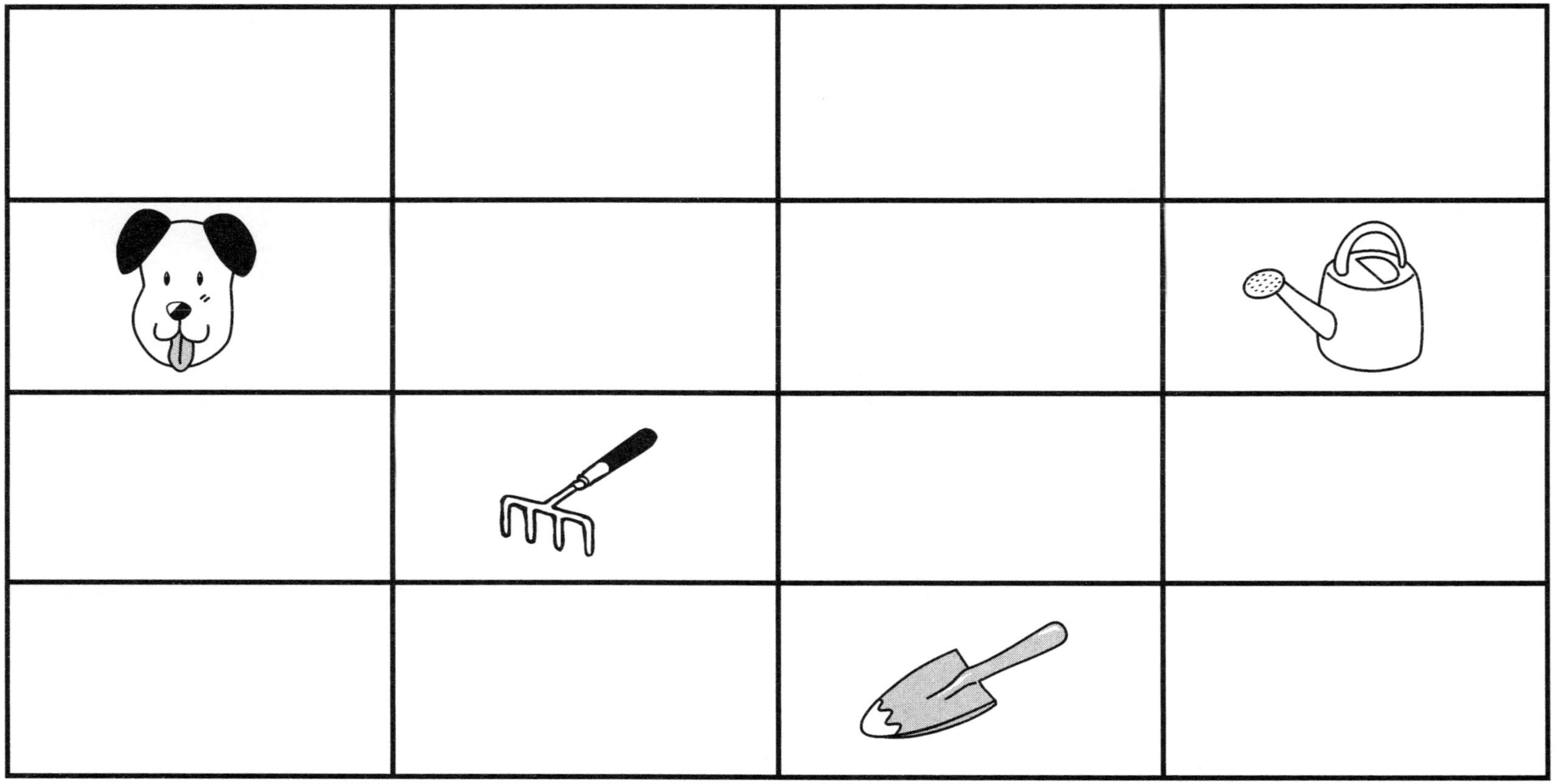

☆近畿大学附属小学校

問題４

①

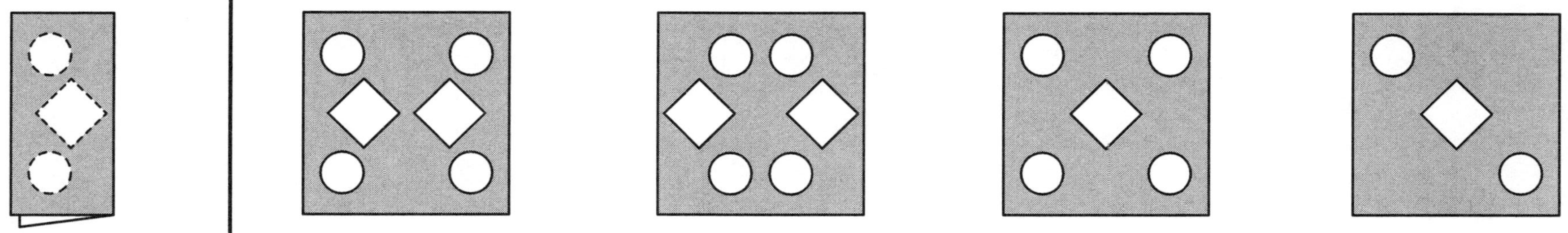

②

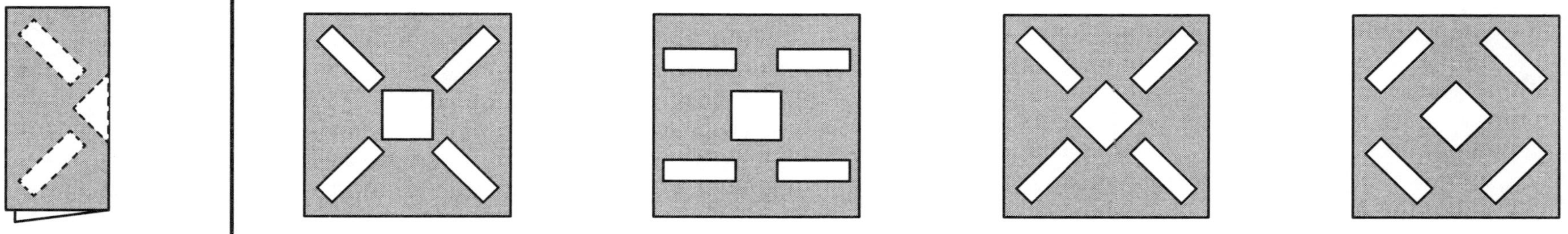

③

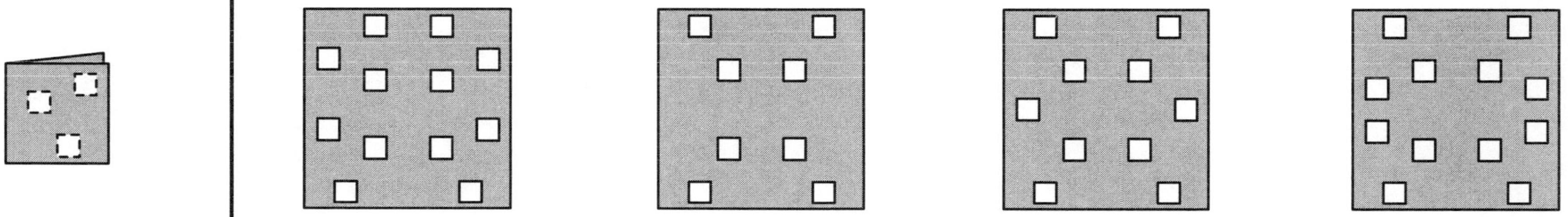

④

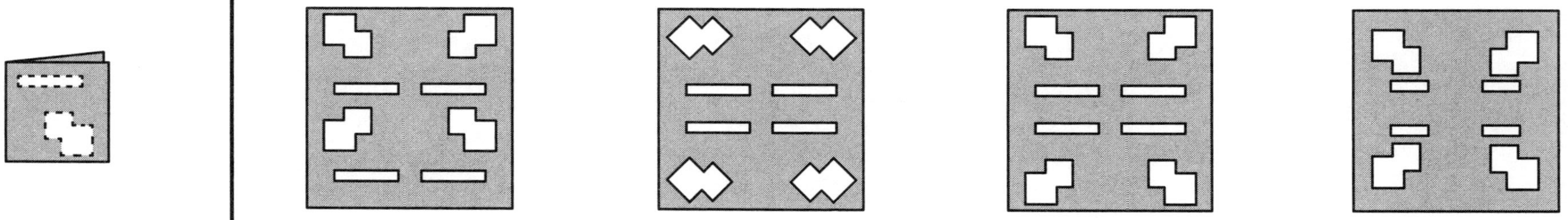

☆近畿大学附属小学校

2025 年度　近畿大附属・帝塚山小　過去　無断複製／転載を禁ずる　　日本学習図書株式会社

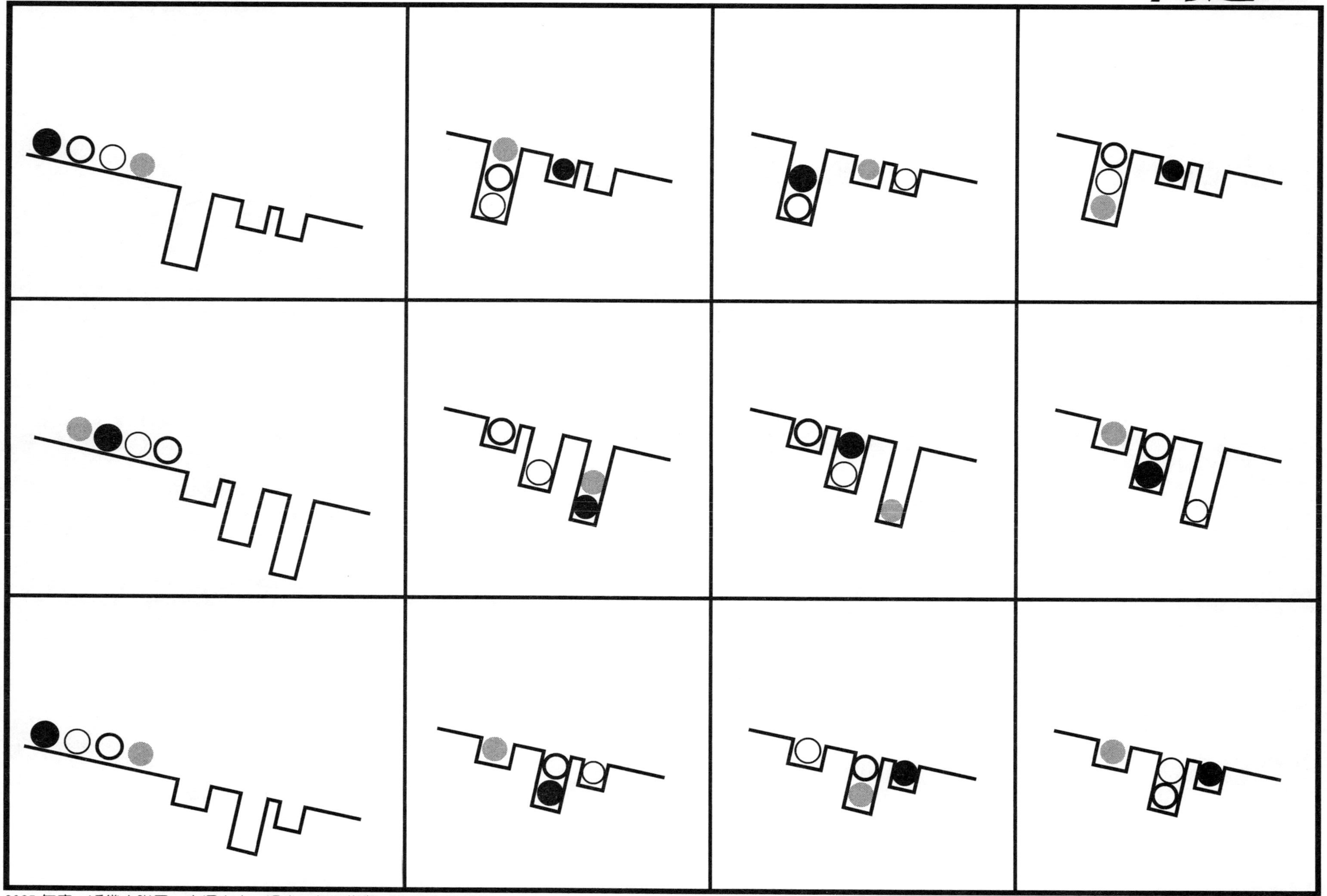

問題 6

①

②

③

④

⑤

⑥

⑦

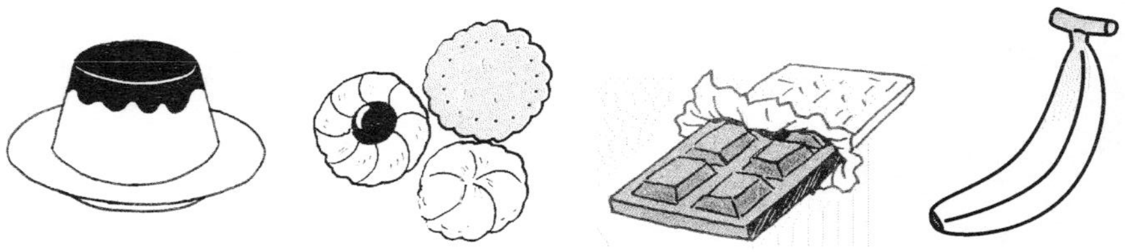

⑧

日本学習図書株式会社

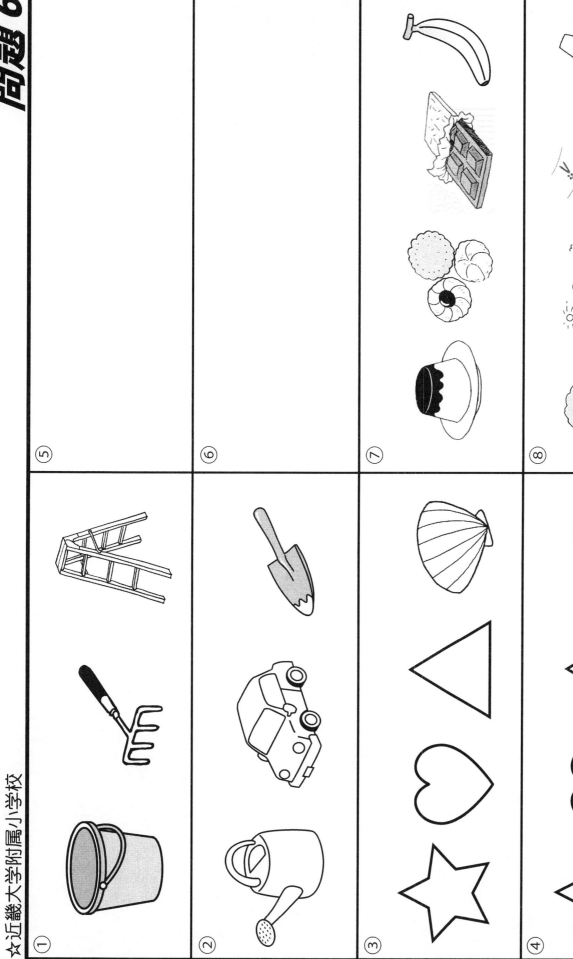

☆近畿大学附属小学校

問題7

①

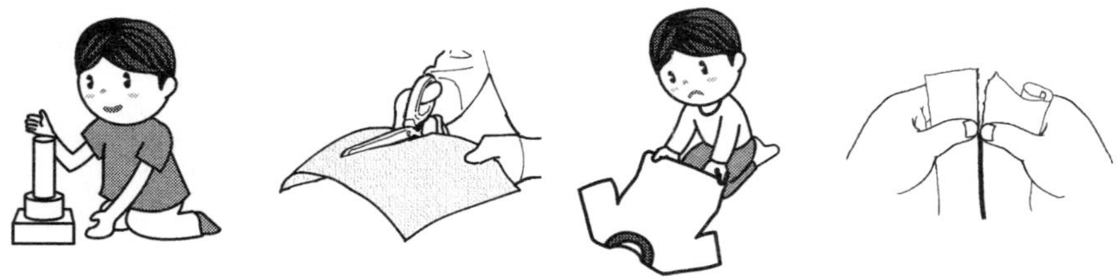

②

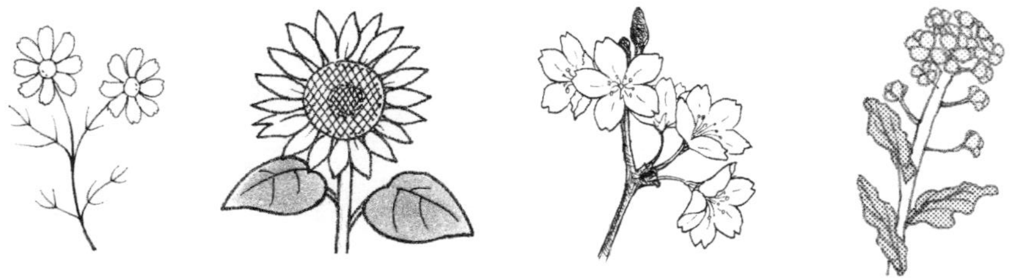

③

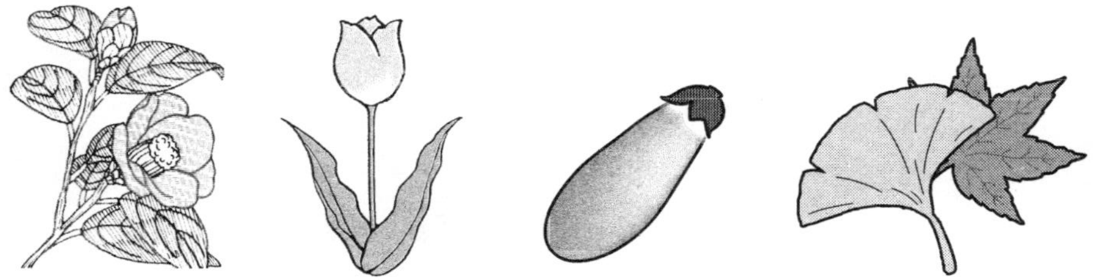

④

⑤

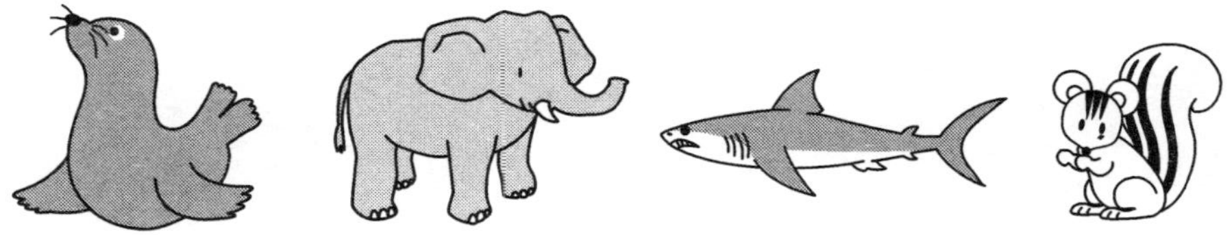

⑥

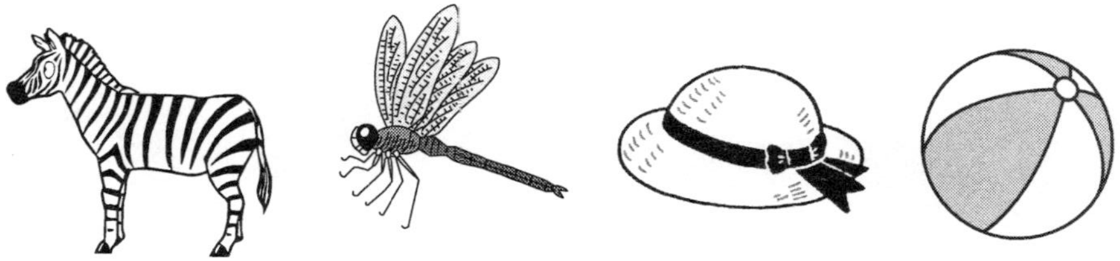

⑦

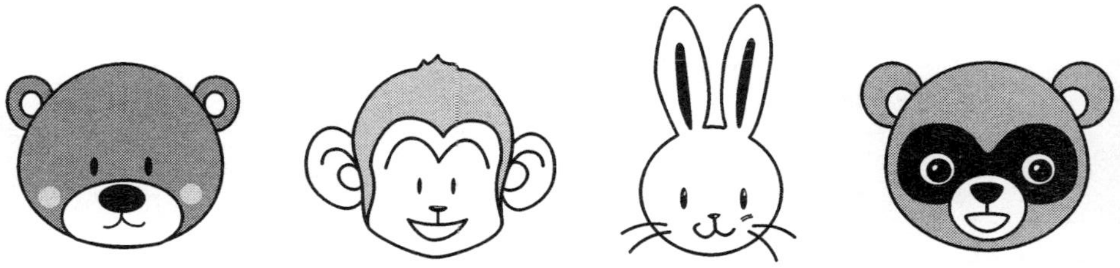

⑧

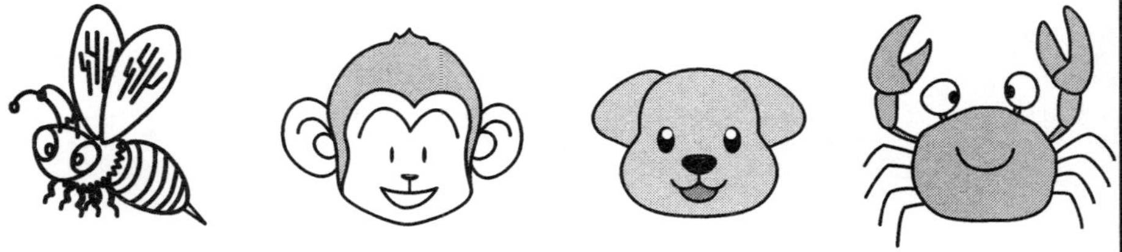

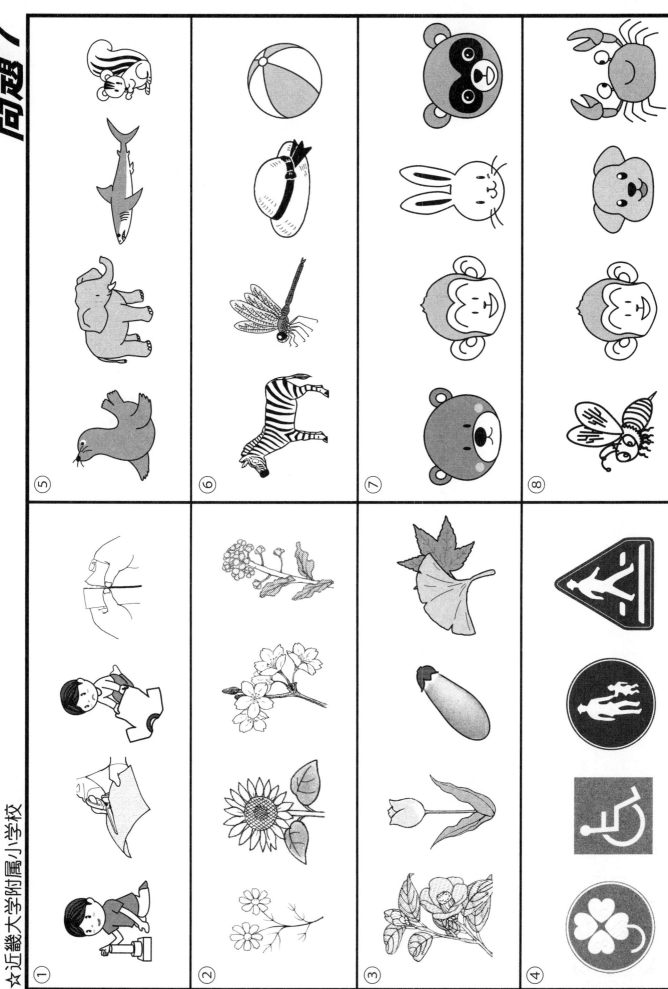

☆近畿大学附属小学校

問題１２

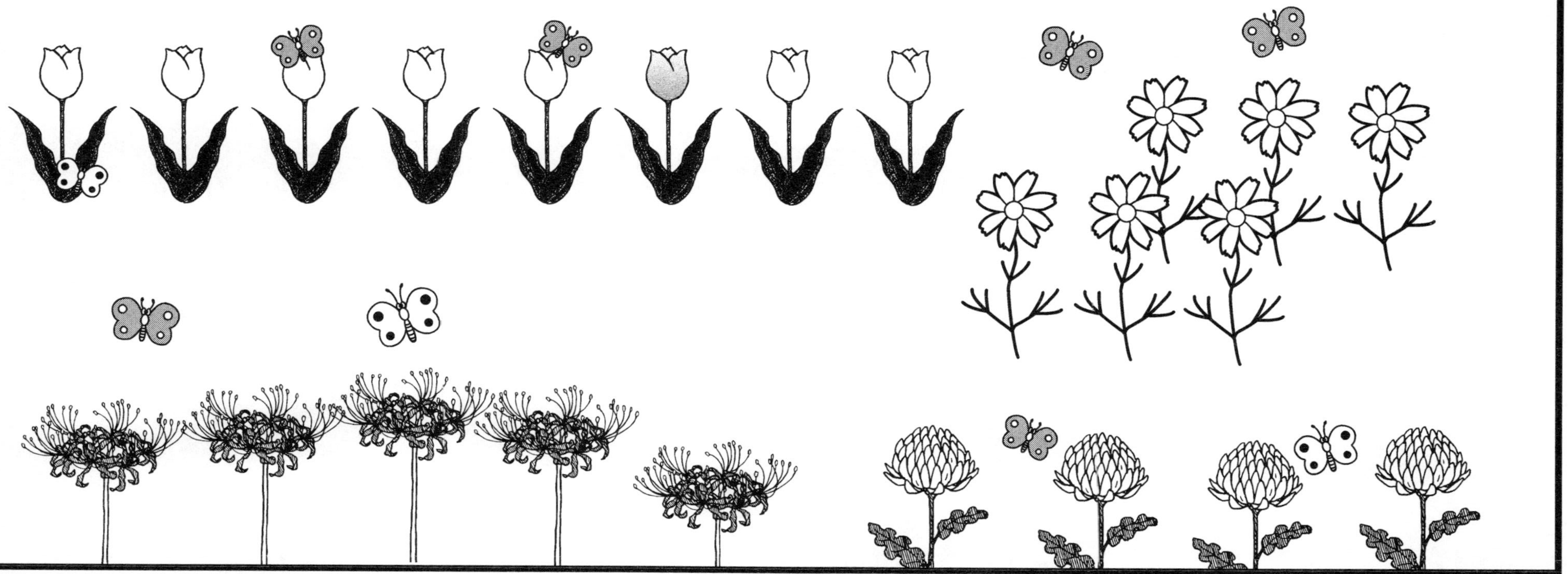

①

②

③

日本学習図書株式会社

☆近畿大学附属小学校

問題13

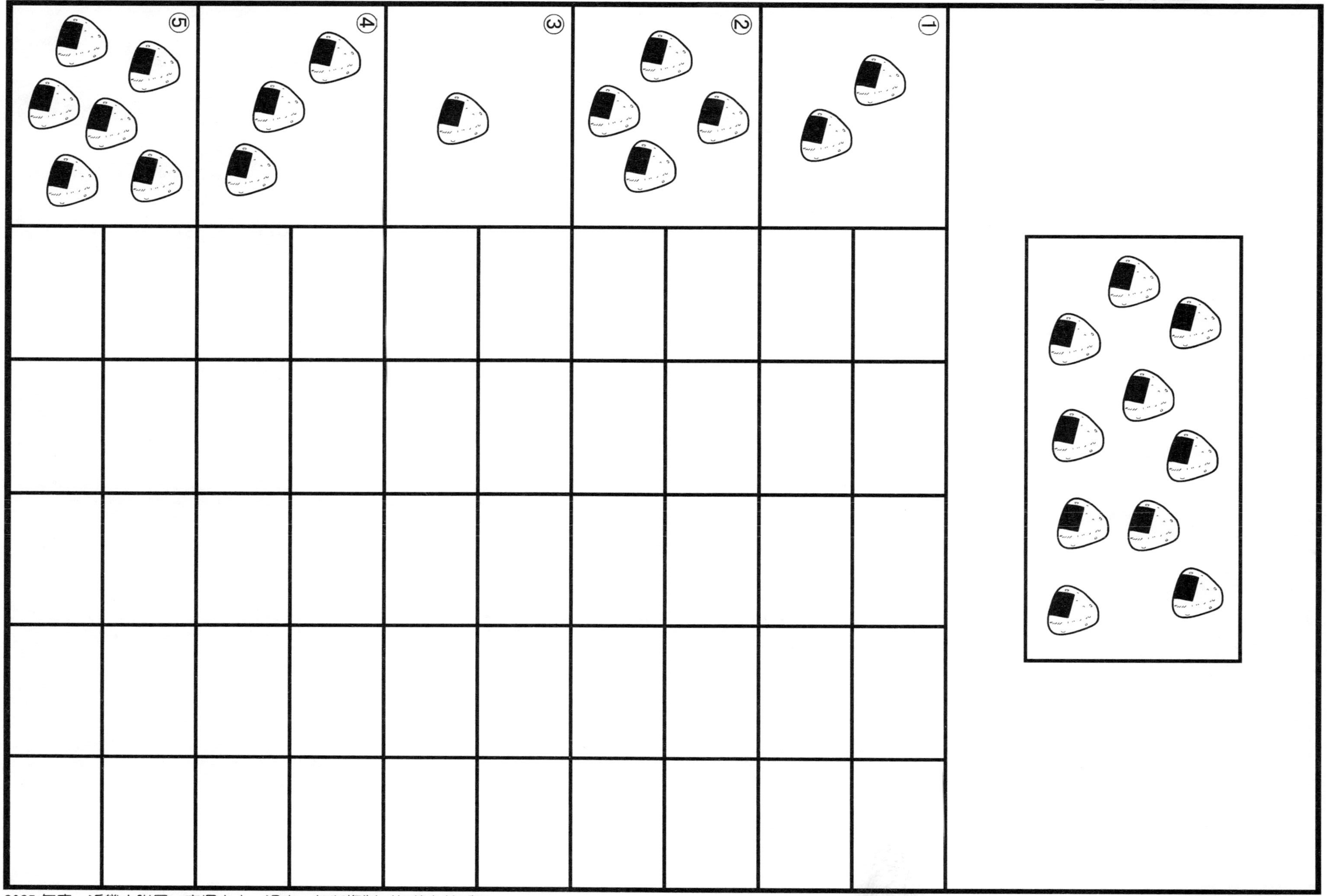

2025年度　近畿大附属・帝塚山小　過去　無断複製/転載を禁ずる　　日本学習図書株式会社

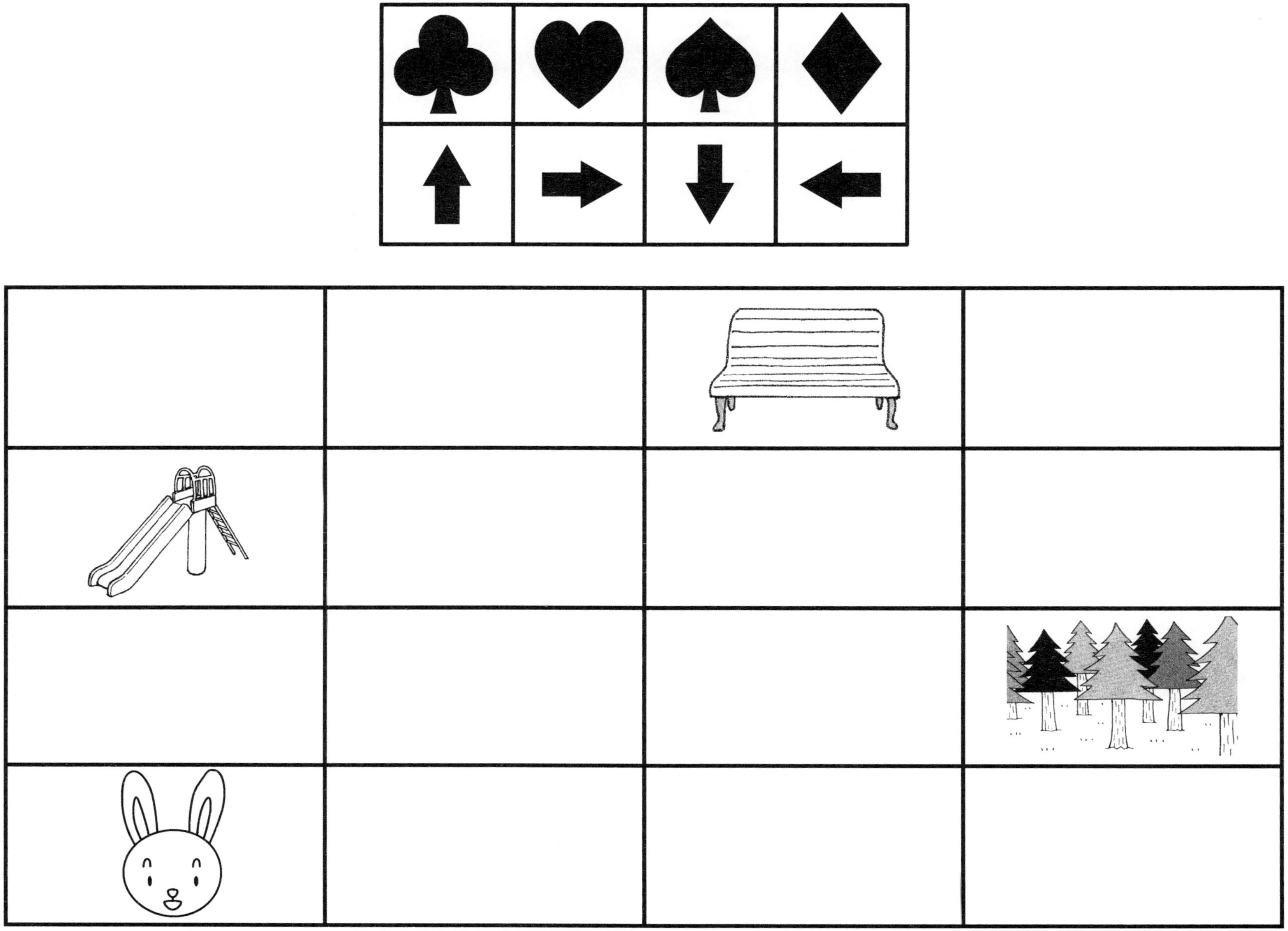

☆近畿大学附属小学校

2025 年度　近畿大附属・帝塚山小　過去　無断複製／転載を禁ずる　　　　日本学習図書株式会社

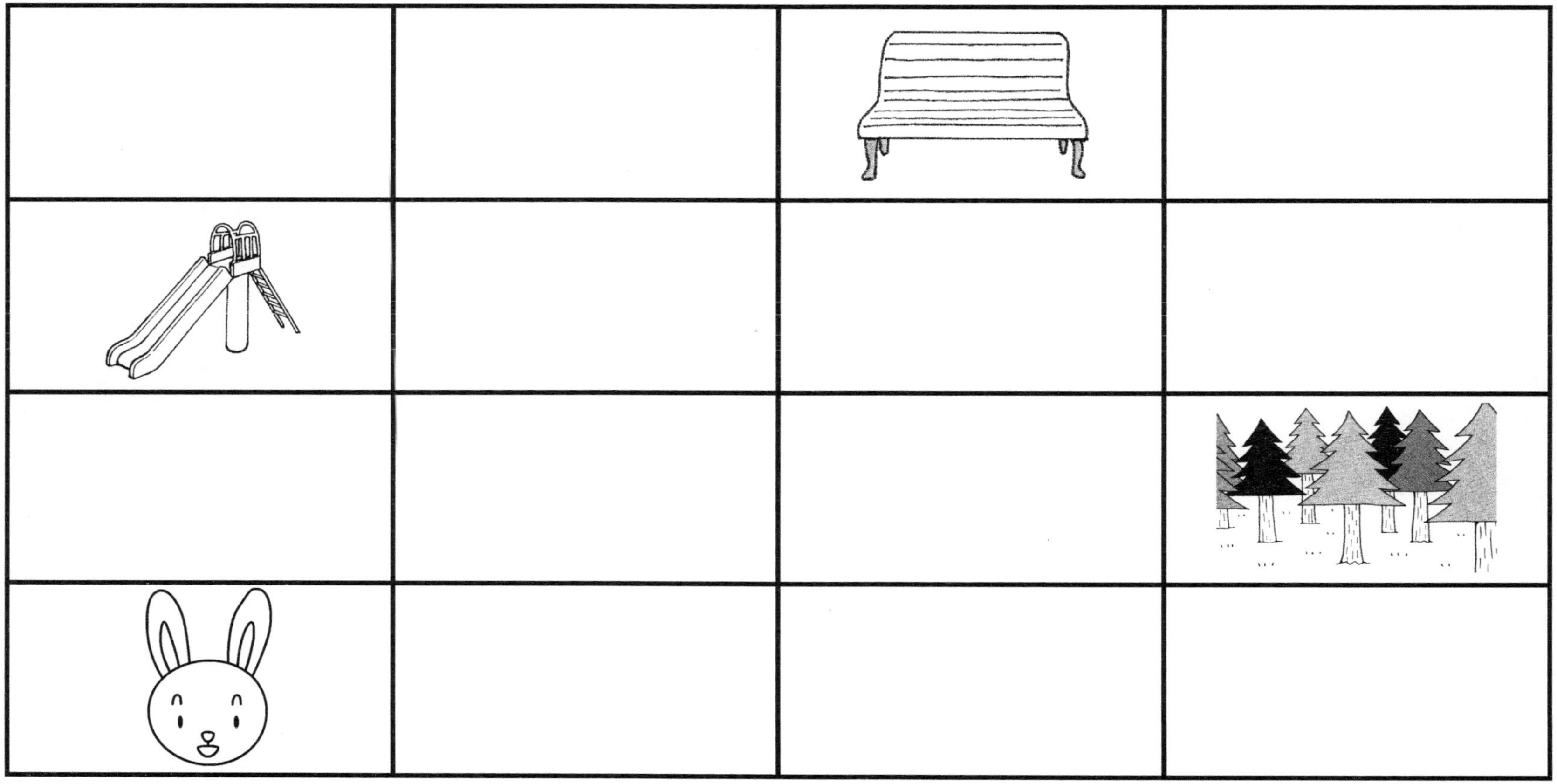

問題１４－３

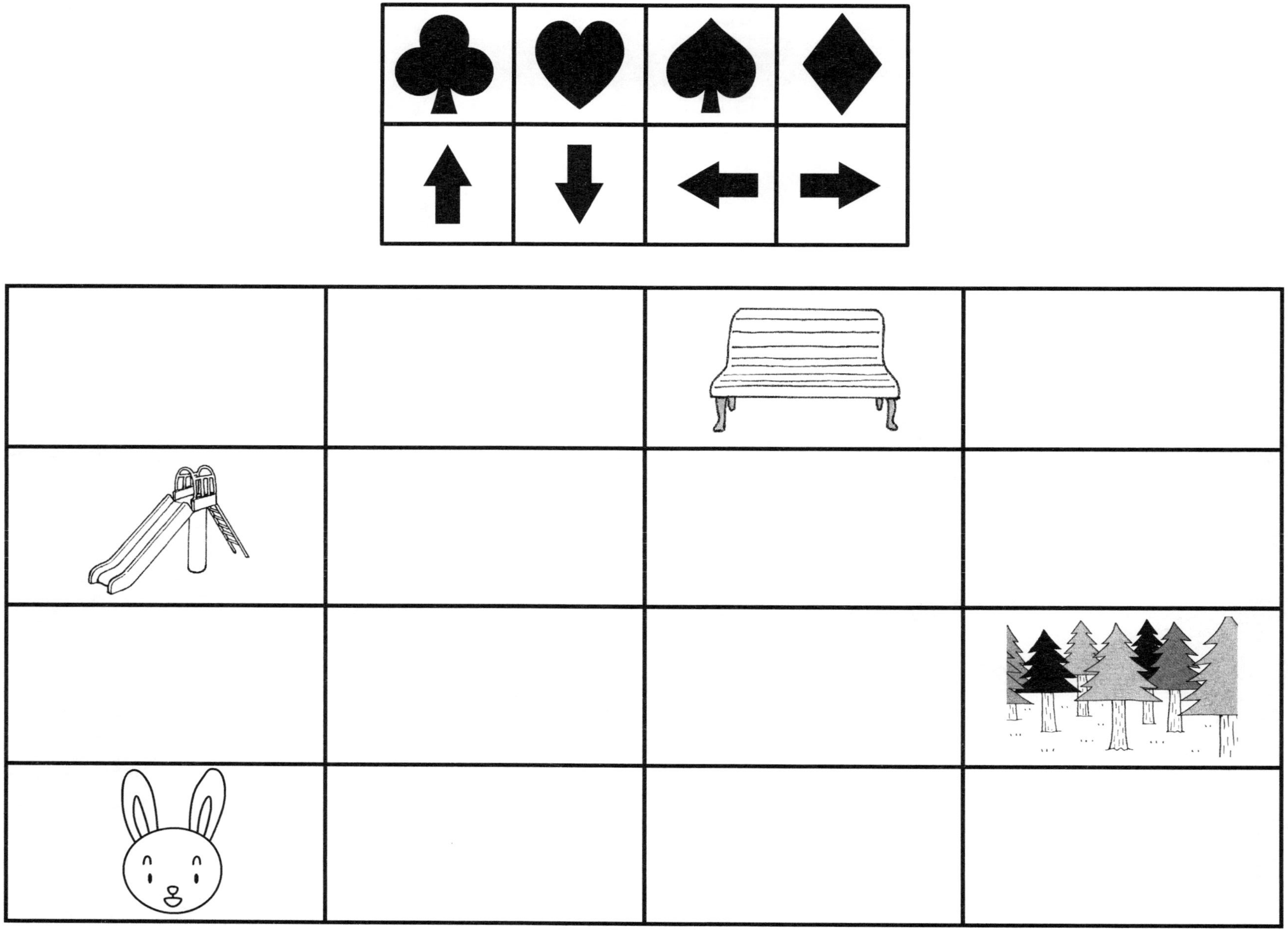

2025年度　近畿大附属・帝塚山小　過去　無断複製/転載を禁ずる

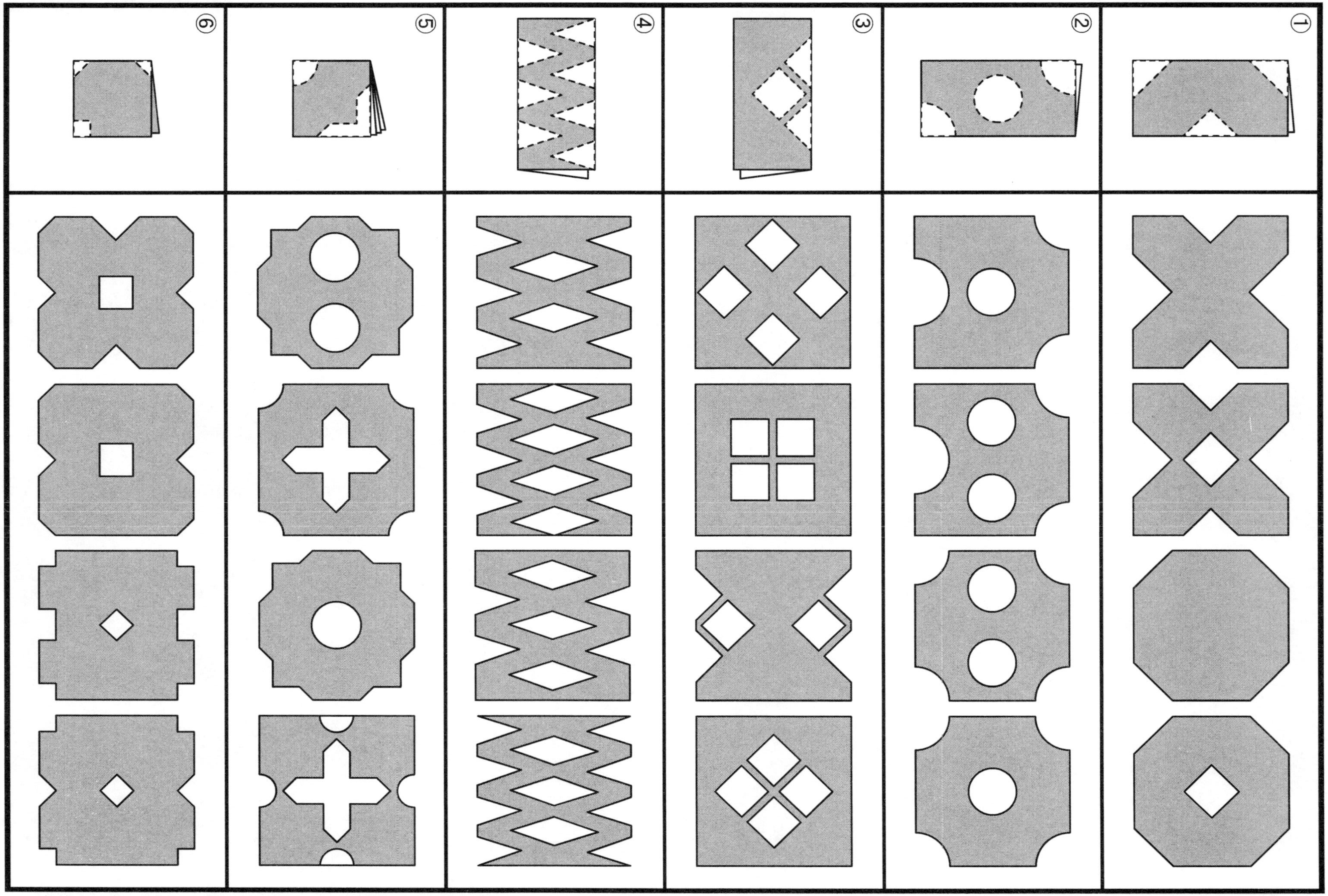

☆近畿大学附属小学校

問題１６

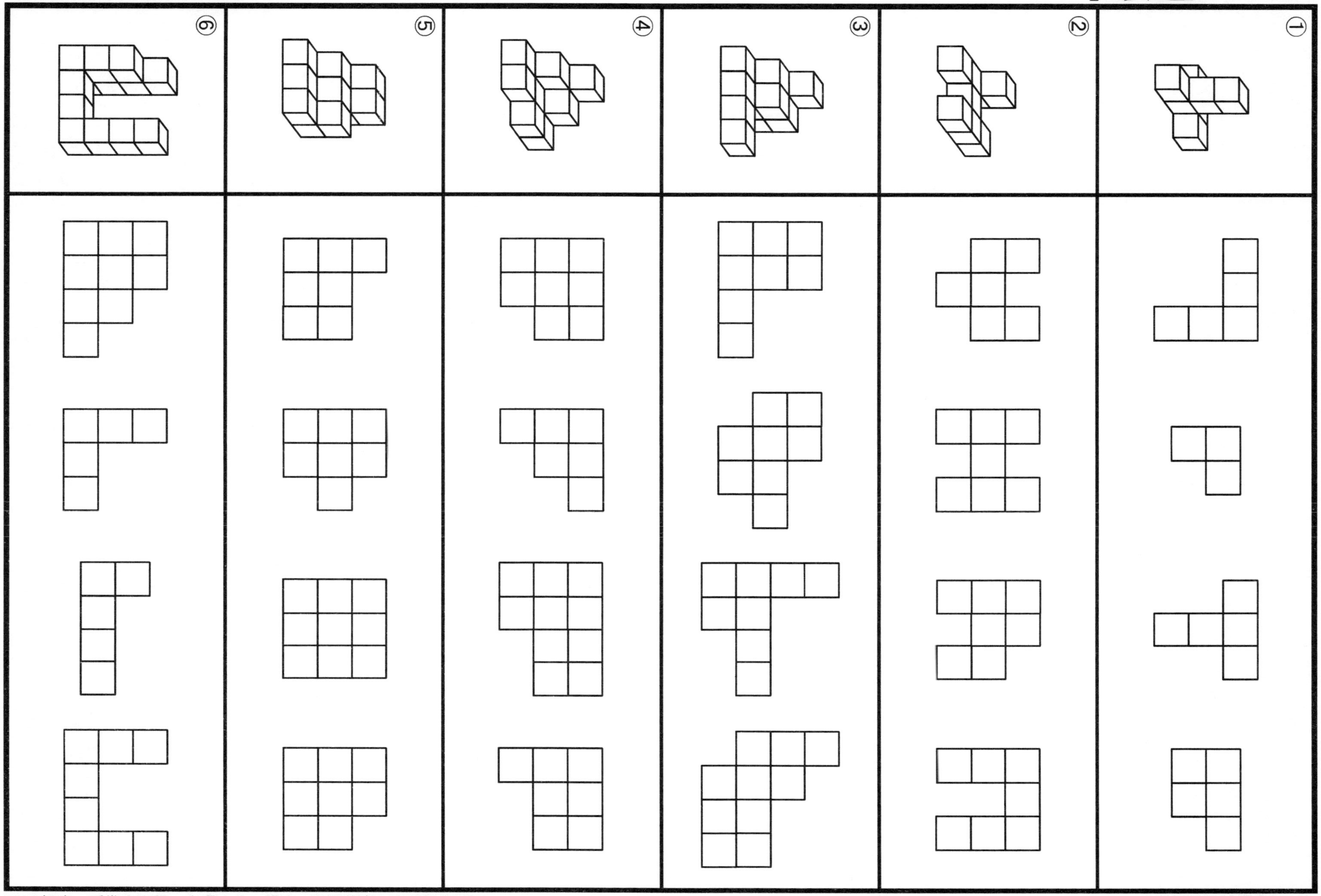

問題１７

①

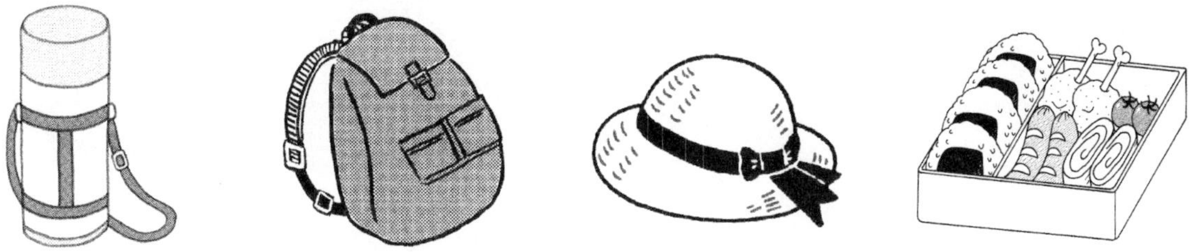

②

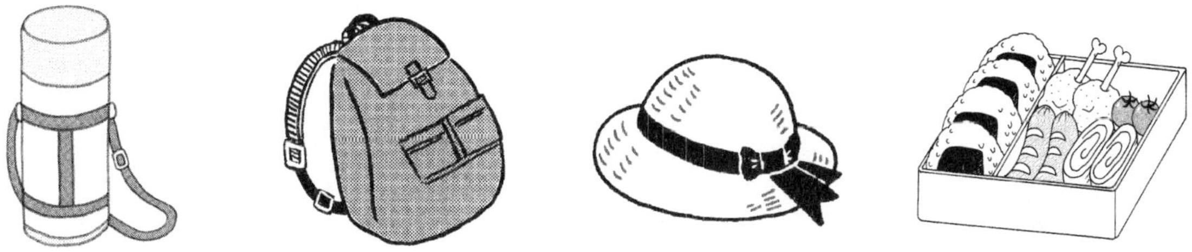

③

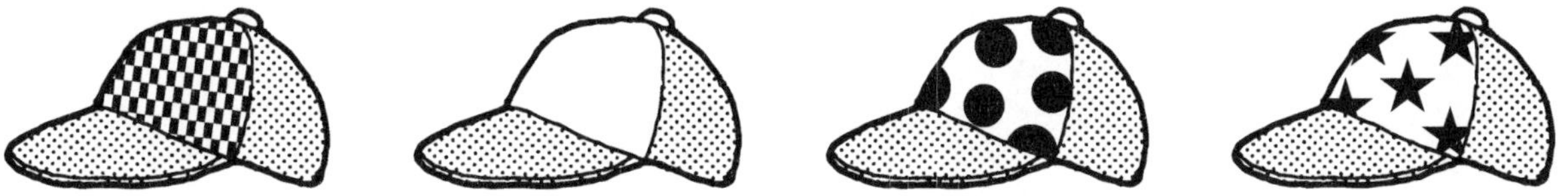

④

⑤

☆近畿大学附属小学校

☆近畿大学附属小学校

問題１８

①

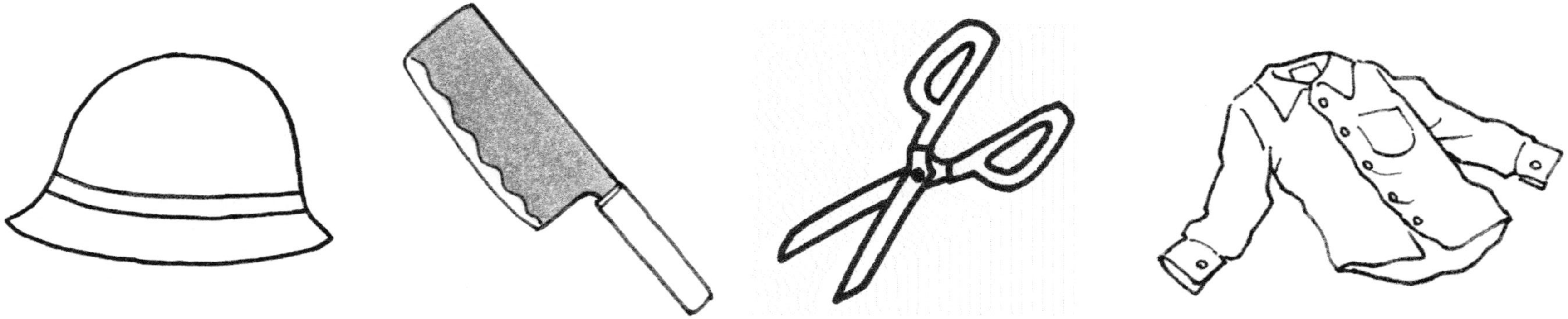

②

☆近畿大学附属小学校

問題２０

問題２３

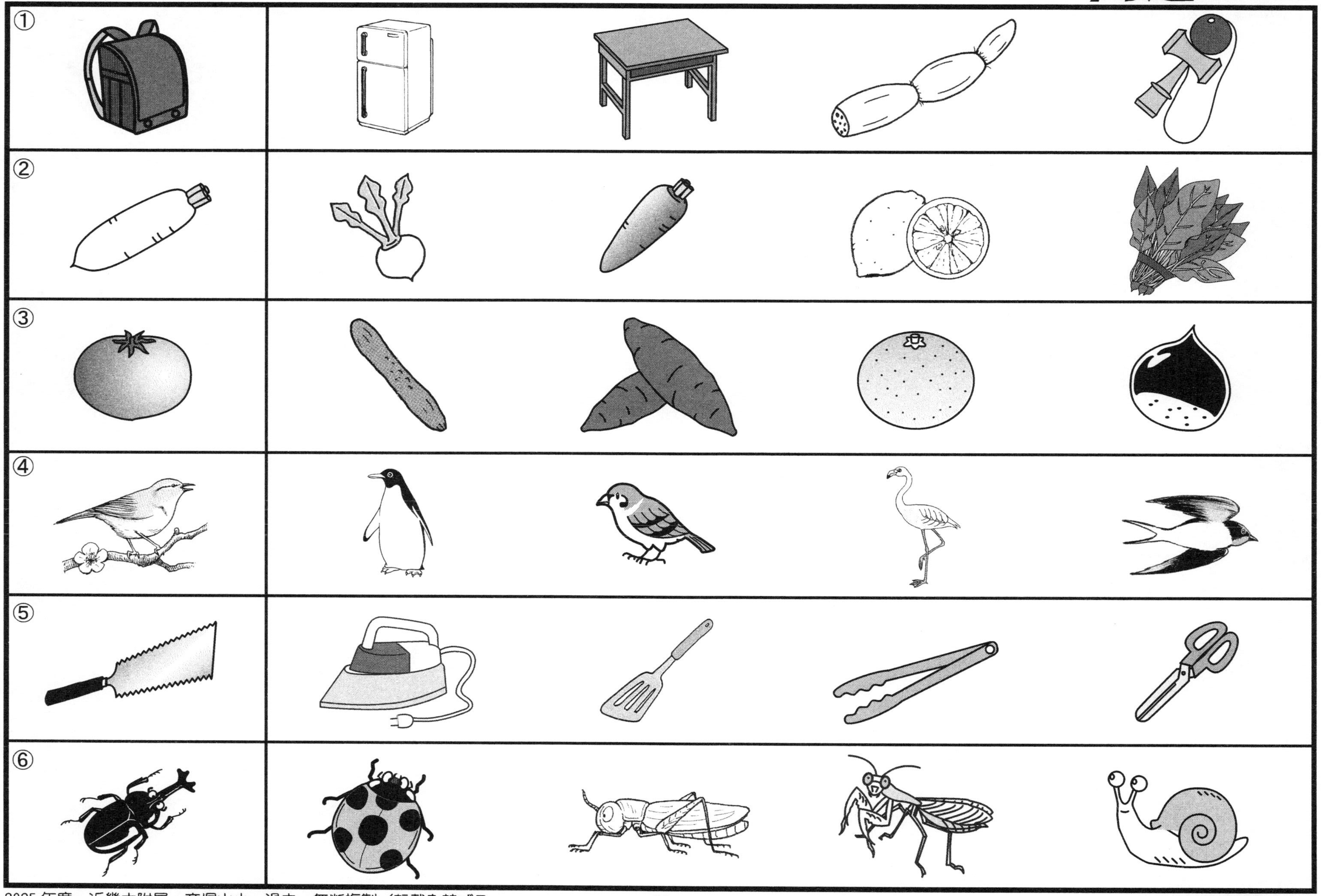

☆帝塚山小学校

問題２４

①
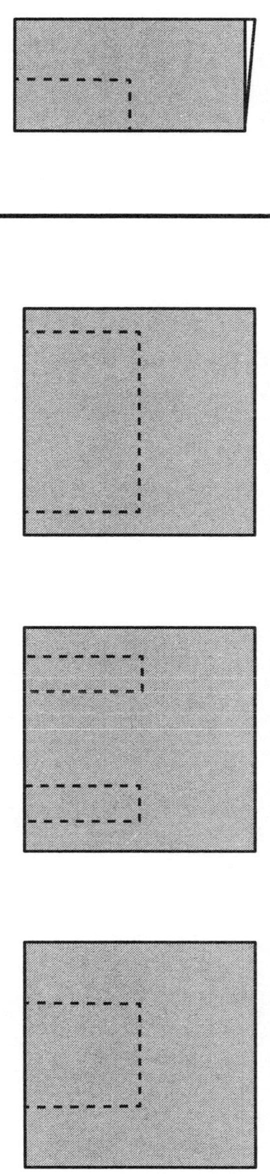

②
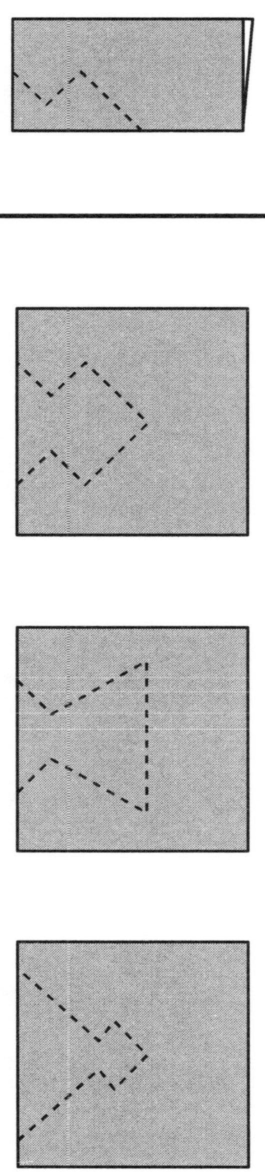

③
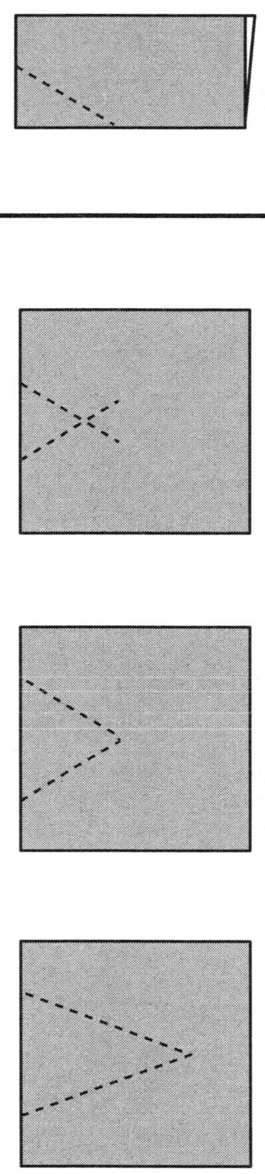

④
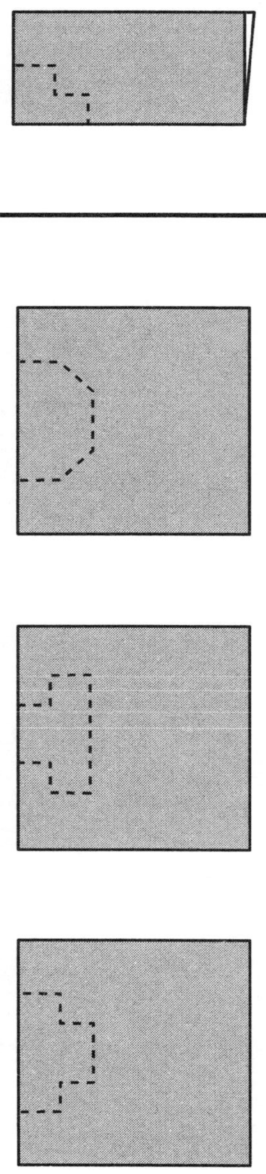

⑤
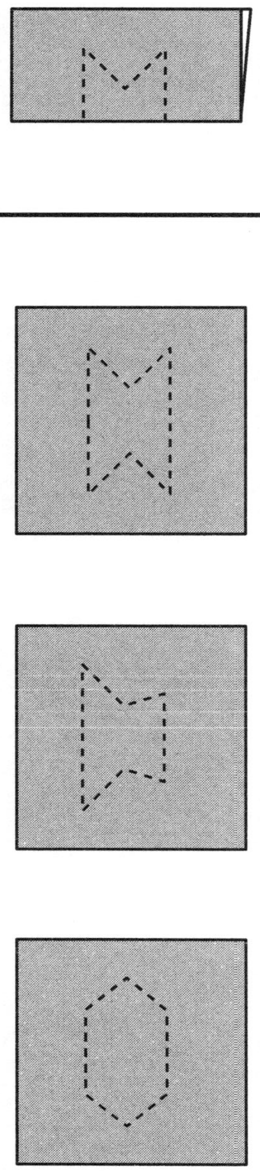

⑥
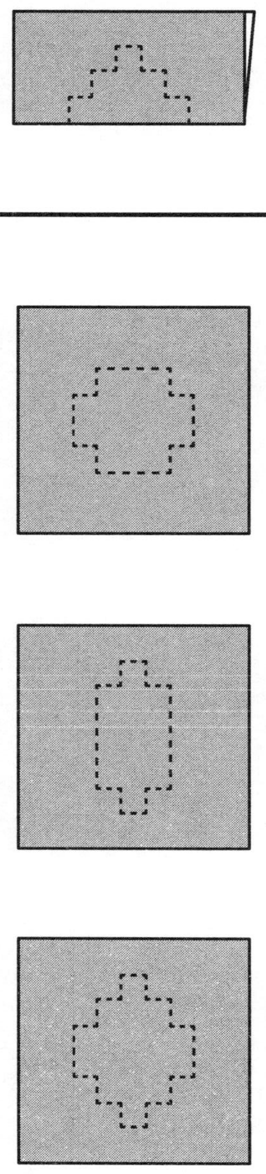

☆帝塚山小学校

問題２５

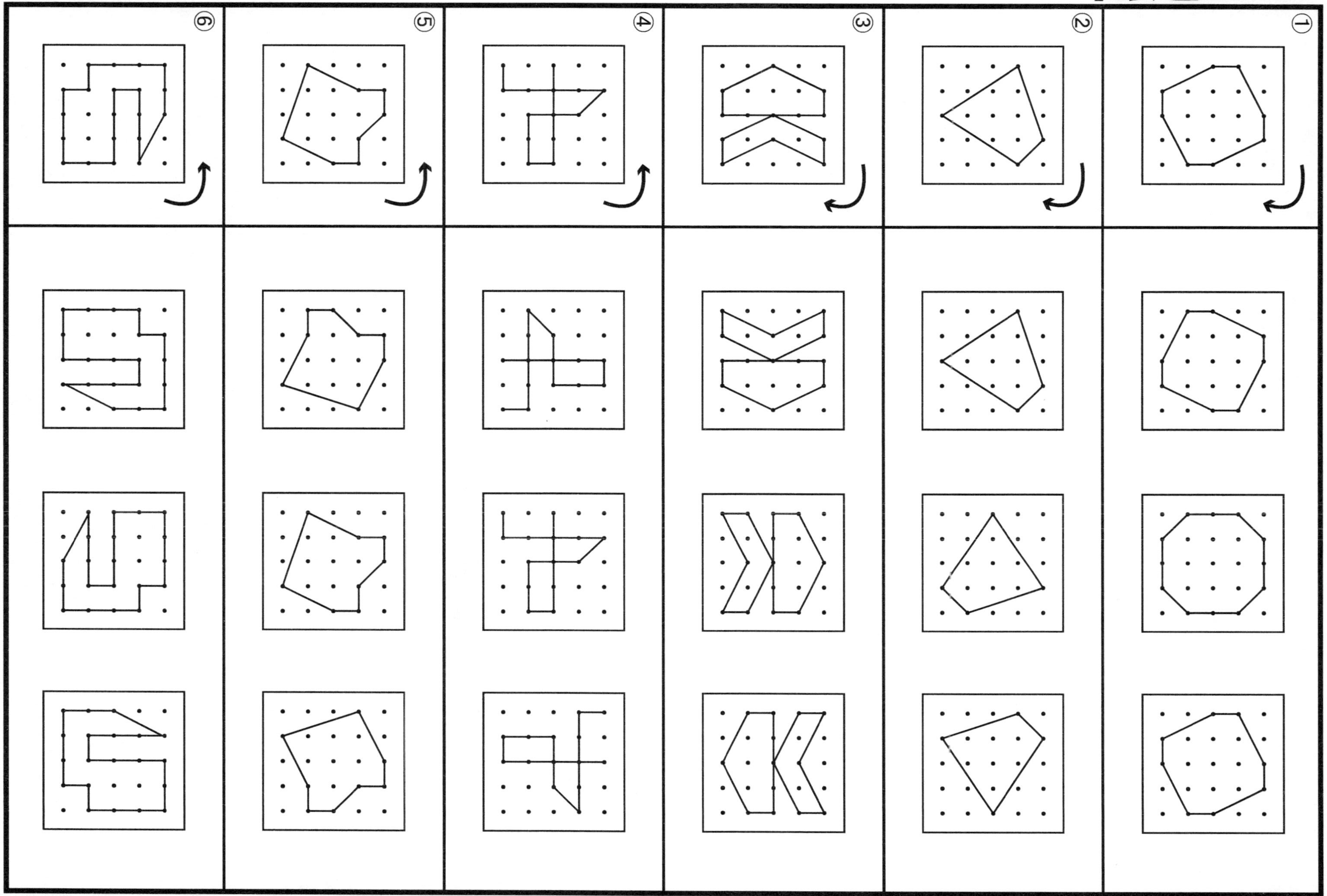

☆帝塚山小学校

問題２６－１

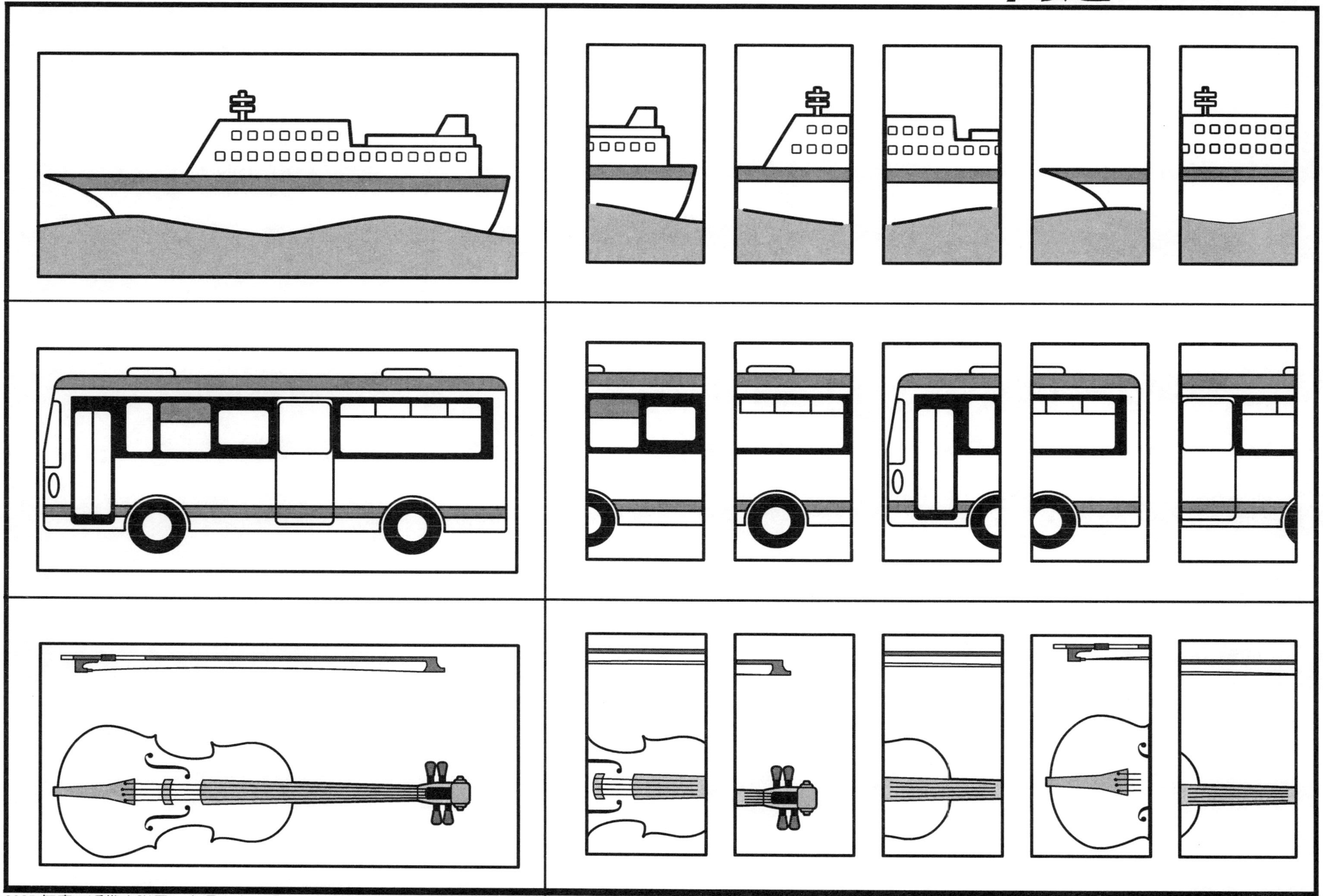

☆帝塚山小学校

問題２６－２

☆帝塚山小学校

問題２７

①

②

③

④

問題２８－１

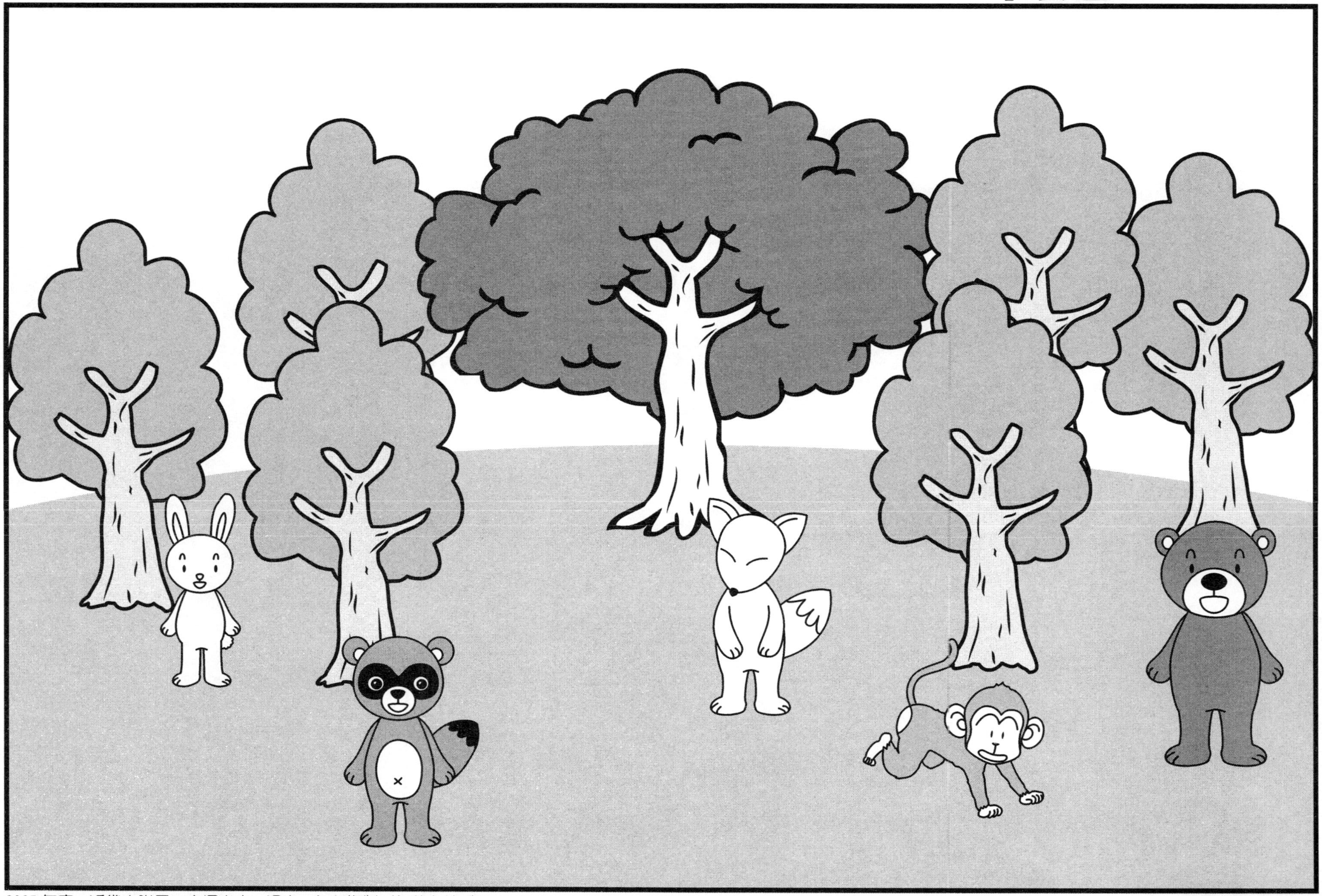

日本学習図書株式会社

2025年度　近畿大附属・帝塚山小　過去　無断複製／転載を禁ずる　　　日本学習図書株式会社

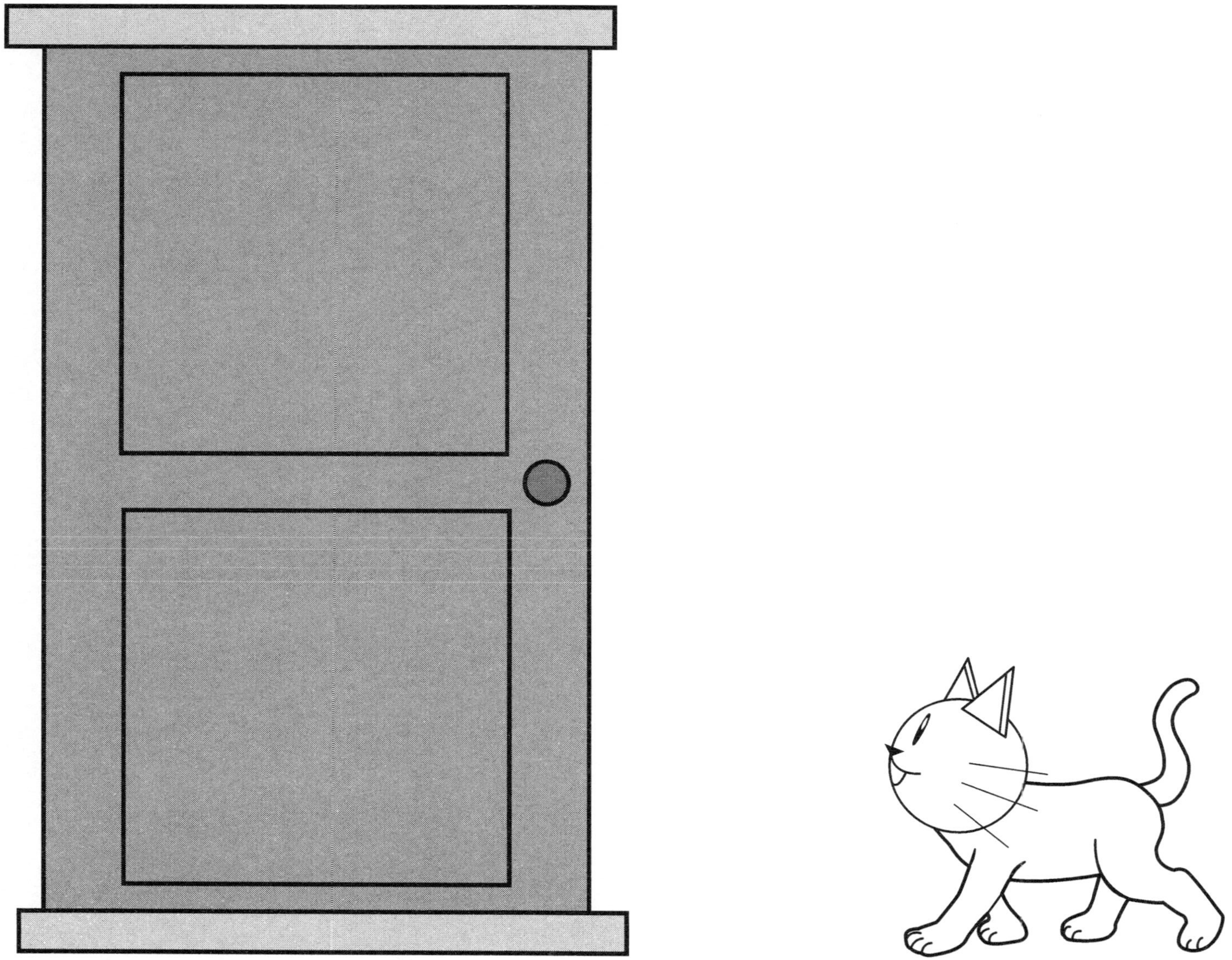

問題３２

☆帝塚山小学校

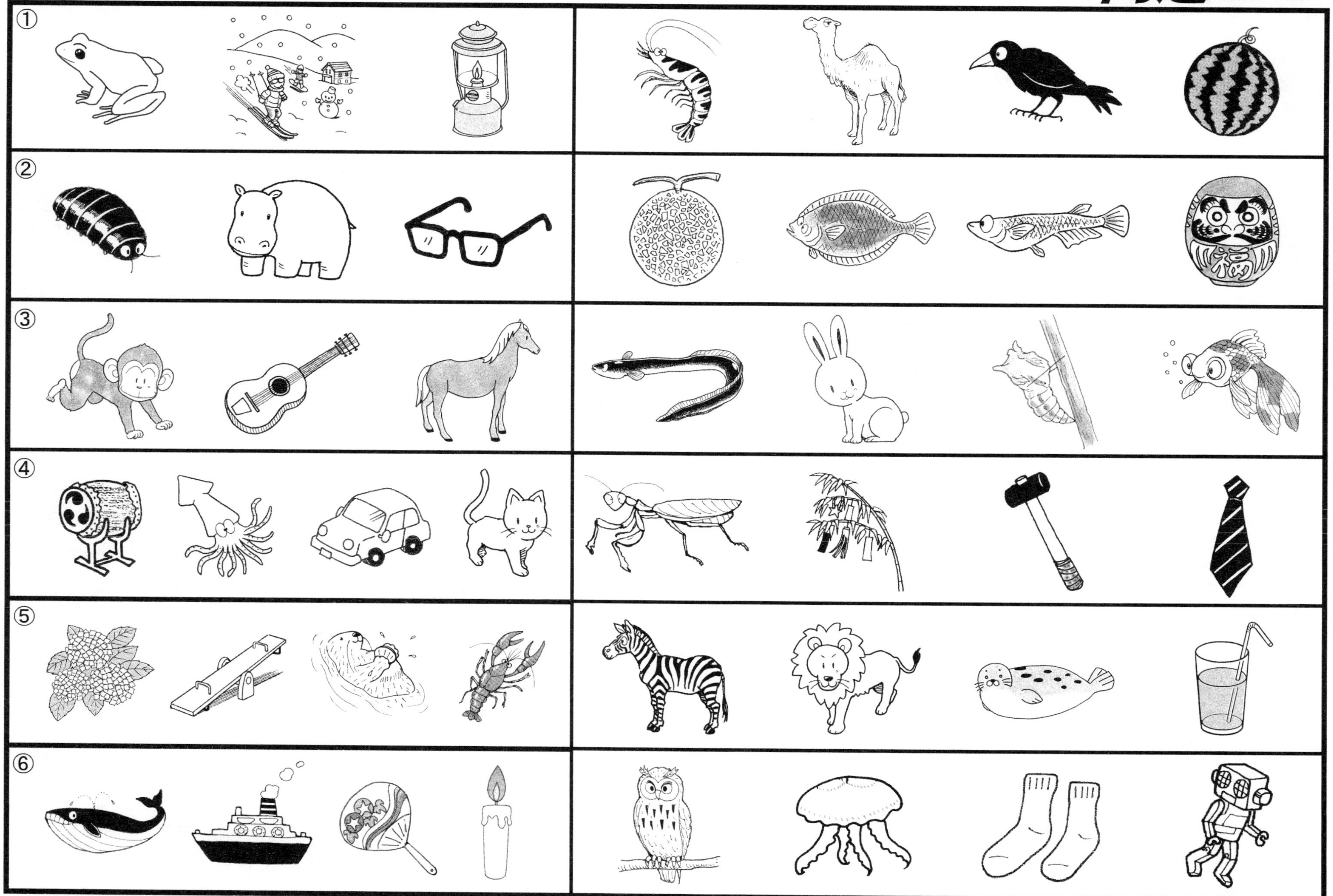

☆帝塚山小学校

問題３３

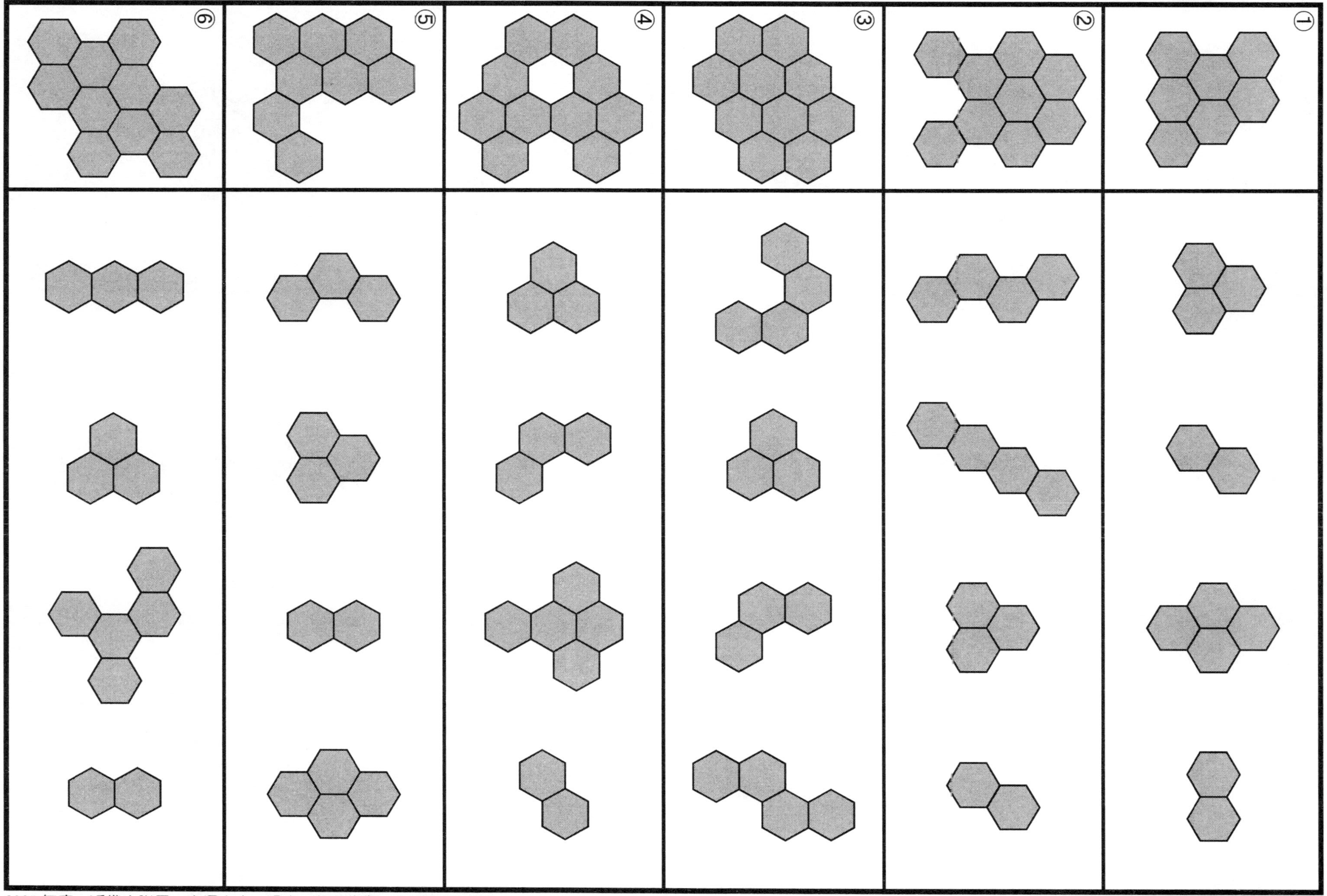

☆帝塚山小学校

問題３４

○☆☆○☆○☆☆○

☆○○☆☆○☆☆○

☆○☆○☆○☆○☆

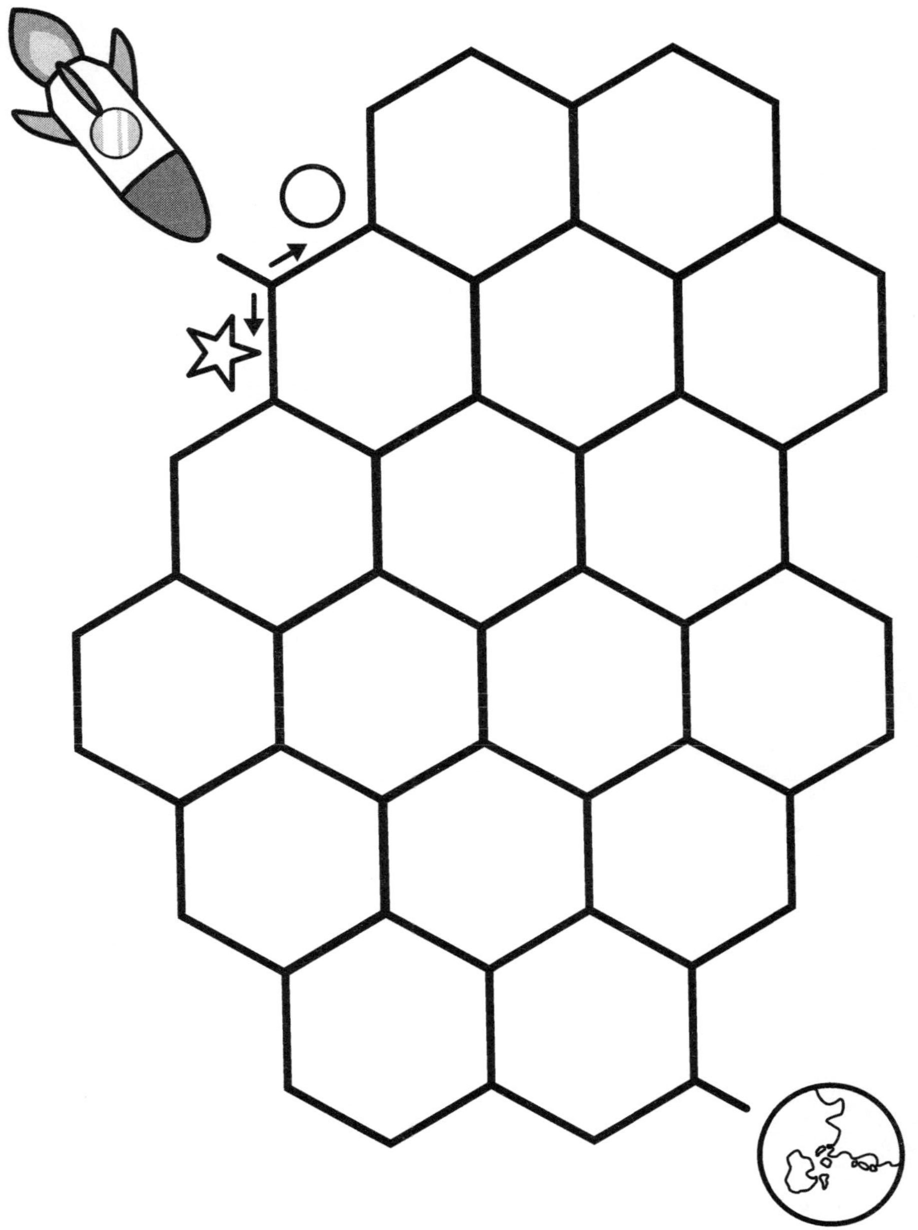

☆帝塚山小学校

2025 年度　近畿大附属・帝塚山小　過去　無断複製／転載を禁ずる

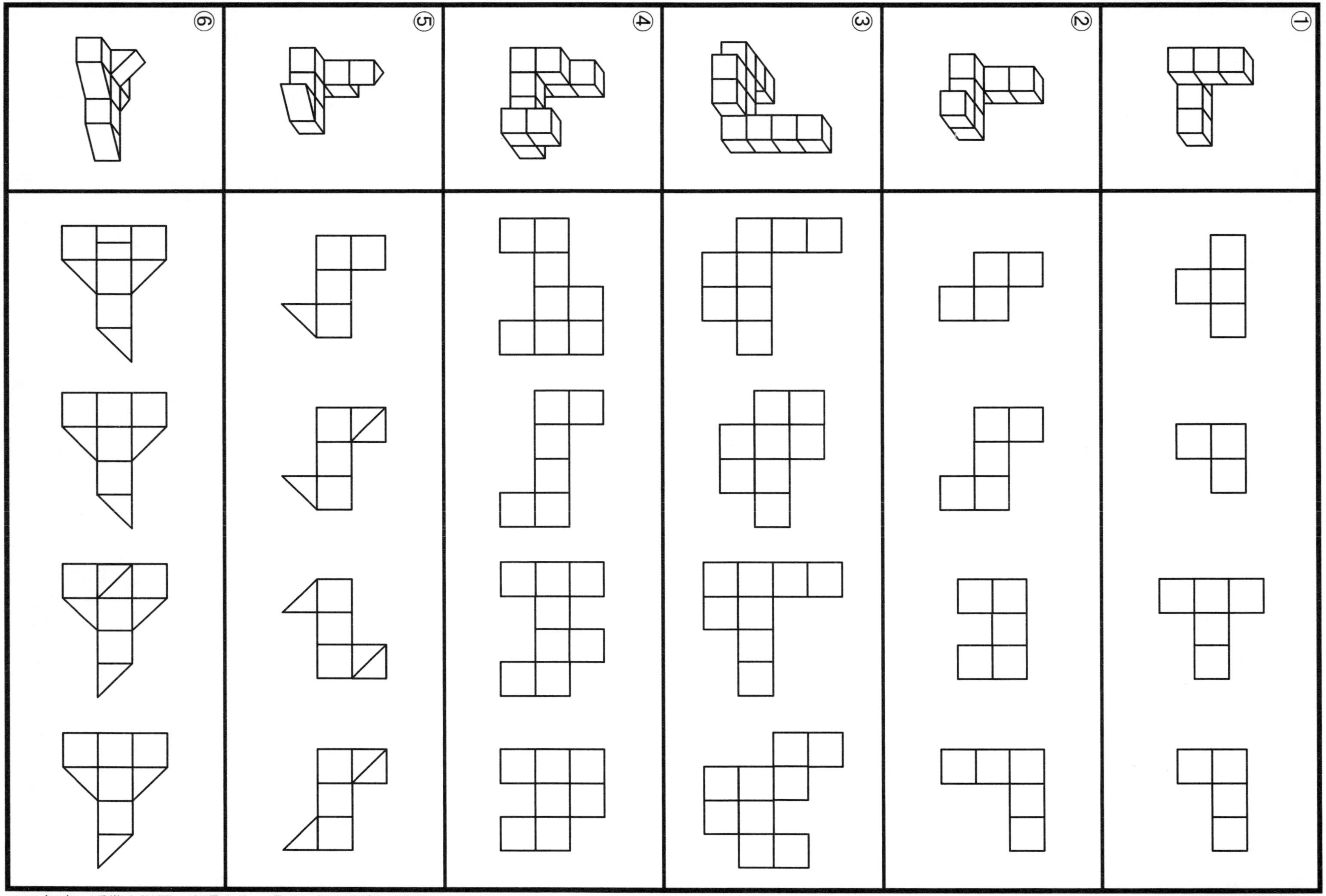

☆帝塚山小学校

問題36

①

②

③

④

☆帝塚山小学校

問題37

☆帝塚山小学校

問題３８

近畿大学附属小学校　専用注文書

年　　月　　日

合格のための問題集ベスト・セレクション

＊入試頻出分野ベスト３

1st 常　識	2nd お話の記憶	3rd 数　量
知　識 ／ 観察力	聞く力 ／ 集中力	思考力 ／ 集中力

１つのお話のストーリーに沿って、多分野の問題が連続して出題されます。特に、理科、生活常識、公共のマナーなど、常識分野は幅広い知識が必要な問題が出題されているので注意してください。

分野	書　名	価格(税込)	注文	分野	書　名	価格(税込)	注文
図形	Ｊｒ．ウォッチャー 3「パズル」	1,650 円	冊	数量	Ｊｒ．ウォッチャー 39「たし算・ひき算 2」	1,650 円	冊
図形	Ｊｒ．ウォッチャー 4「同図形探し」	1,650 円	冊	図形	Ｊｒ．ウォッチャー 46「回転図形」	1,650 円	冊
推理	Ｊｒ．ウォッチャー 6「系列」	1,650 円	冊	推理	Ｊｒ．ウォッチャー 47「座標の移動」	1,650 円	冊
図形	Ｊｒ．ウォッチャー 9「合成」	1,650 円	冊	図形	Ｊｒ．ウォッチャー 49「しりとり」	1,650 円	冊
常識	Ｊｒ．ウォッチャー 12「日常生活」	1,650 円	冊	図形	Ｊｒ．ウォッチャー 54「図形の構成」	1,650 円	冊
数量	Ｊｒ．ウォッチャー 14「数える」	1,650 円	冊	常識	Ｊｒ．ウォッチャー 56「マナーとルール」	1,650 円	冊
記憶	Ｊｒ．ウォッチャー 19「お話の記憶」	1,650 円	冊		1話5分の読み聞かせお話集①②	1,980 円	各　冊
巧緻性	Ｊｒ．ウォッチャー 23「切る・貼る・塗る」	1,650 円	冊		お話の記憶　中級編	2,200 円	冊
巧緻性	Ｊｒ．ウォッチャー 25「生活巧緻性」	1,650 円	冊		新 個別テスト・口頭試問問題集	2,750 円	冊
観察	Ｊｒ．ウォッチャー 29「行動観察」	1,650 円	冊		新 運動テスト問題集	2,420 円	冊
常識	Ｊｒ．ウォッチャー 30「生活習慣」	1,650 円	冊		新 小学校受験の入試面接Ｑ＆Ａ	2,860 円	冊
常識	Ｊｒ．ウォッチャー 34「季節」	1,650 円	冊		新 願書・アンケート文例集 500	2,860 円	冊
数量	Ｊｒ．ウォッチャー 37「選んで数える」	1,650 円	冊		面接最強マニュアル	2,200 円	冊
数量	Ｊｒ．ウォッチャー 38「たし算・ひき算 1」	1,650 円	冊				

合計	冊	円

（フリガナ） 氏　名	電　話 ＦＡＸ E-mail
住 所 〒　　　－	以前にご注文されたことはございますか。 有　・　無

★お近くの書店、または記載の電話・FAX・ホームページにてご注文をお受けしております。
電話：03-5261-8951　FAX：03-5261-8953　代金は書籍合計金額＋送料がかかります。
※なお、落丁・乱丁以外の理由による商品の返品・交換には応じかねます。
★ご記入頂いた個人に関する情報は、当社にて厳重に管理致します。なお、ご購入の商品発送の他に、当社発行の書籍案内、書籍に関する調査に使用させて頂く場合がございますので、予めご了承ください。

日本学習図書株式会社
https://www.nichigaku.jp

帝塚山小学校　専用注文書

年　　月　　日

合格のための問題集ベスト・セレクション

＊入試頻出分野ベスト３

順位	分野	力	
1st	図　形	思考力	観察力
2nd	お話の記憶	集中力	聞く力
3rd	言　語	知　識	語　彙

説明会でその年の入試の出題傾向が説明され、そのままその傾向の問題が出題されています。その情報をもとに対策をしておいた方がよいでしょう。しかし、図形と推理の分野に限っては、さまざまなパターンで幅広く出題されます。事前の情報はあっても、油断することなく取り組んでおきましょう。

分野	書　名	価格(税込)	注文	分野	書　名	価格(税込)	注文
図形	Ｊｒ．ウォッチャー 4「同図形探し」	1,650 円	冊	図形	Ｊｒ．ウォッチャー 48「鏡図形」	1,650 円	冊
推理	Ｊｒ．ウォッチャー 6「系列」	1,650 円	冊	言語	Ｊｒ．ウォッチャー 49「しりとり」	1,650 円	冊
図形	Ｊｒ．ウォッチャー 9「合成」	1,650 円	冊	図形	Ｊｒ．ウォッチャー 54「図形の構成」	1,650 円	冊
推理	Ｊｒ．ウォッチャー 15「比較」	1,650 円	冊	推理	Ｊｒ．ウォッチャー 58「比較②」	1,650 円	冊
言語	Ｊｒ．ウォッチャー 17「言葉の音遊び」	1,650 円	冊	言語	Ｊｒ．ウォッチャー 60「言葉の音（おん）」	1,650 円	冊
記憶	Ｊｒ．ウォッチャー 19「お話の記憶」	1,650 円	冊		お話の記憶　中級編	2,200 円	冊
常識	Ｊｒ．ウォッチャー 27「理科」	1,650 円	冊		１話５分の読み聞かせお話集①②	1,980 円	各　冊
観察	Ｊｒ．ウォッチャー 29「行動観察」	1,650 円	冊		新 個別テスト・口頭試問問題集	2,750 円	冊
推理	Ｊｒ．ウォッチャー 32「ブラックボックス」	1,650 円	冊		新 運動テスト問題集	2,420 円	冊
推理	Ｊｒ．ウォッチャー 33「シーソー」	1,650 円	冊		新 小学校受験の入試面接Q＆A	2,860 円	冊
常識	Ｊｒ．ウォッチャー 34「季節」	1,650 円	冊		新 願書・アンケート文例集 500	2,860 円	冊
数量	Ｊｒ．ウォッチャー 41「数の構成」	1,650 円	冊		面接最強マニュアル	2,200 円	冊
図形	Ｊｒ．ウォッチャー 46「回転図形」	1,650 円	冊				
推理	Ｊｒ．ウォッチャー 47「座標の移動」	1,650 円	冊				

合計	冊	円

（フリガナ） 氏　名	電　話 ＦＡＸ E-mail
住 所 〒　　　－	以前にご注文されたことはございますか。 有 ・ 無

★お近くの書店、または記載の電話・FAX・ホームページにてご注文をお受けしております。
電話：03-5261-8951　FAX：03-5261-8953　代金は書籍合計金額＋送料がかかります。
※なお、落丁・乱丁以外の理由による商品の返品・交換には応じかねます。
★ご記入頂いた個人に関する情報は、当社にて厳重に管理致します。なお、ご購入の商品発送の他に、当社発行の書籍案内、書籍に関する調査に使用させて頂く場合がございますので、予めご了承ください。

日本学習図書株式会社
https://www.nichigaku.jp

図書カード 1000 円分プレゼント

ご記入日 令和　年　月　日

☆国・私立小学校受験アンケート☆

※可能な範囲でご記入下さい。選択肢は○で囲んで下さい。

〈小学校名〉＿＿＿＿＿＿　〈お子さまの性別〉男・女　〈誕生月〉＿＿月

〈その他の受験校〉（複数回答可）＿＿＿＿＿＿

〈受験日〉①：＿月＿日　〈時間〉＿時＿分　～　＿時＿分

②：＿月＿日　〈時間〉＿時＿分　～　＿時＿分

〈受験者数〉男女計＿＿名（男子＿＿名　女子＿＿名）

〈お子さまの服装〉＿＿＿＿＿＿

〈入試全体の流れ〉（記入例）準備体操→行動観察→ペーパーテスト

＿＿＿＿＿＿

Eメールによる情報提供

日本学習図書では、Eメールでも入試情報を募集しております。

下記のアドレスに、アンケートの内容をご入力の上、メールをお送り下さい。

ojuken@nichigaku.jp

●行動観察

（例）好きなおもちゃで遊ぶ・グループで協力するゲームなど

〈実施日〉＿月＿日　〈時間〉＿時＿分　～　＿時＿分　〈着替え〉□有　□無

〈出題方法〉□肉声　□録音　□その他（　　　）　〈お手本〉□有　□無

〈試験形態〉□個別　□集団（　　人程度）　〈会場図〉

〈内容〉

□自由遊び

＿＿＿＿＿＿

□グループ活動

＿＿＿＿＿＿

□その他

＿＿＿＿＿＿

●運動テスト（有・無）

（例）跳び箱・チームでの競争など

〈実施日〉＿月＿日　〈時間〉＿時＿分　～　＿時＿分　〈着替え〉□有　□無

〈出題方法〉□肉声　□録音　□その他（　　　）　〈お手本〉□有　□無

〈試験形態〉□個別　□集団（　　人程度）　〈会場図〉

〈内容〉

□サーキット運動

□走り　□跳び箱　□平均台　□ゴム跳び

□マット運動　□ボール運動　□なわ跳び

□クマ歩き

□グループ活動＿＿＿＿＿＿

□その他＿＿＿＿＿＿

●知能テスト・口頭試問

〈実施日〉＿＿月＿＿日〈時間〉＿＿時＿＿分～＿＿時＿＿分〈お手本〉□有 □無

〈出題方法〉 □肉声 □録音 □その他（　　　　　　）〈問題数〉＿＿枚＿＿問

分野	方法	内　　容	詳　細・イ　ラ　ス　ト
(例) お話の記憶	☑筆記 □口頭	動物たちが待ち合わせをする話	(あらすじ) 動物たちが待ち合わせをした。最初にウサギさんが来た。次にイヌくんが、その次にネコさんが来た。最後にタヌキくんが来た。 (問題・イラスト) ３番目に来た動物は誰か 
お話の記憶	□筆記 □口頭		(あらすじ) (問題・イラスト)
図形	□筆記 □口頭		
言語	□筆記 □口頭		
常識	□筆記 □口頭		
数量	□筆記 □口頭		
推理	□筆記 □口頭		
その他	□筆記 □口頭		

●制作　(例) ぬり絵・お絵かき・工作遊びなど

〈実施日〉＿＿月＿＿日〈時間〉＿＿時＿＿分＿＿～＿＿時＿＿分

〈出題方法〉 □肉声 □録音 □その他（　　　　　）〈お手本〉□有 □無

〈試験形態〉 □個別 □集団（　　　人程度）

材料・道具	制作内容
□ハサミ □のり（□つぼ □液体 □スティック） □セロハンテープ □鉛筆 □クレヨン（　色） □クーピーペン（　色） □サインペン（　色）□ □画用紙（□ A4 □ B4 □ A3 　□その他：　　　　） □折り紙 □新聞紙 □粘土 □その他（　　　　　）	□切る □貼る □塗る □ちぎる □結ぶ □描く □その他（　　　　　） タイトル：＿＿＿＿＿＿＿＿＿＿

●面接

〈実施日〉＿＿月＿＿日〈時間〉＿＿時＿＿分＿＿～＿＿時＿＿分〈面接担当者〉＿＿＿名

〈試験形態〉□志願者のみ（　　）名 □保護者のみ □親子同時 □親子別々

〈質問内容〉

□志望動機　□お子さまの様子

□家庭の教育方針

□志望校についての知識・理解

□その他（　　　　　　　　）

（ 詳　細 ）

・

・

・

・

※試験会場の様子をご記入下さい。

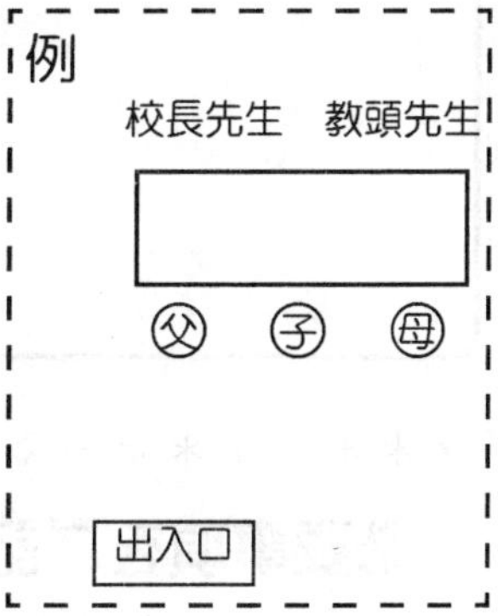

●保護者作文・アンケートの提出（有・無）

〈提出日〉 □面接直前　□出願時　□志願者考査中　□その他（　　　　　　）

〈下書き〉 □有　□無

〈アンケート内容〉

（記入例）当校を志望した理由はなんですか（150 字）

●説明会（□有　□無）〈開催日〉＿＿月＿＿日〈時間〉＿＿時＿＿分＿＿～＿＿時＿＿分

〈上履き〉　□要　□不要　〈願書配布〉　□有　□無　〈校舎見学〉　□有　□無

〈ご感想〉

●参加された学校行事（複数回答可）

公開授業〈開催日〉＿＿月＿＿日〈時間〉＿＿時＿＿分＿＿～＿＿時＿＿分

運動会など〈開催日〉＿＿月＿＿日〈時間〉＿＿時＿＿分＿＿～＿＿時＿＿分

学習発表会・音楽会など〈開催日〉＿＿月＿＿日〈時間〉＿＿時＿＿分＿＿～＿＿時＿＿分

〈ご感想〉

※是非参加したほうがよいと感じた行事について

●受験を終えてのご感想、今後受験される方へのアドバイス

※対策学習（重点的に学習しておいた方がよい分野）、当日準備しておいたほうがよい物など

＊＊＊＊＊＊＊＊＊＊＊＊　ご記入ありがとうございました　＊＊＊＊＊＊＊＊＊＊＊＊

必要事項をご記入の上、ポストにご投函ください。

なお、本アンケートの送付期限は入試終了後３ヶ月とさせていただきます。また、入試に関する情報の記入量が当社の基準に満たない場合、謝礼の送付ができないことがございます。あらかじめご了承ください。

ご住所：〒＿＿＿＿＿＿＿＿＿＿＿＿＿＿＿＿＿＿

お名前：＿＿＿＿＿＿＿＿＿＿　メール：＿＿＿＿＿＿＿＿＿＿

ＴＥＬ：＿＿＿＿＿＿＿＿＿＿　ＦＡＸ：＿＿＿＿＿＿＿＿＿＿

ご記入頂いた個人に関する情報は、当社にて厳重に管理致します。弊社の個人情報取り扱いに関する詳細は、www.nichigaku.jp/policy.php の「個人情報の取り扱い」をご覧下さい。

分野別 小学入試練習帳 ジュニアウォッチャー

1．点・線図形	小学校入試で出題頻度の高い『点・線図形』の模写を、難易度の低いものから段階別に幅広く練習することができるように構成。
2．座標	図形の位置模写という作業を、難易度の低いものから段階別に練習できるように構成。
3．パズル	様々なパズルの問題を難易度の低いものから段階別に練習できるように構成。
4．同図形探し	小学校入試で出題頻度の高い、同図形選びの問題を繰り返し練習できるように構成。
5．回転・展開	図形などを回転、または展開したとき、形がどのように変化するかを学習し、理解を深められるように構成。
6．系列	数、図形などの様々な系列問題を、難易度の低いものから段階別に練習できるように構成。
7．迷路	迷路の問題を繰り返し練習できるように構成。
8．対称	対称に関する問題を４つのテーマに分類し、各テーマごとに問題を段階別に練習できるように構成。
9．合成	図形の合成に関する問題を、難易度の低いものから段階別に練習できるように構成。
10. 四方からの観察	もの（立体）を様々な角度から見て、どのように見えるかを推理する問題を段階別に整理し、１つの形式で複数の問題を練習できるように構成。
11. いろいろな仲間	ものや動物、植物の共通点を見つけ、分類していく問題を中心に構成。
12. 日常生活	日常生活における様々な問題を６つのテーマに分類し、各テーマごとに一つの問題形式で複数の問題を練習できるように構成。
13. 時間の流れ	『時間』に着目し、様々なものごとは、時間が経過するとどのように変化するのかということを学習し、理解できるように構成。
14. 数える	様々なものを『数える』ことから、数の多少の判定やかけ算、わり算の基礎までを練習できるように構成。
15. 比較	比較に関する問題を５つのテーマ（数、高さ、長さ、量、重さ）に分類し、各テーマごとに問題を段階別に練習できるように構成。
16. 積み木	数える対象を積み木に限定した問題集。
17. 言葉の音遊び	言葉の音に関する問題を５つのテーマに分類し、各テーマごとに問題を段階別に練習できるように構成。
18. いろいろな言葉	表現力をより豊かにするいろいろな言葉として、擬態語や擬声語、同音異義語、反意語、数詞を取り上げた問題集。
19. お話の記憶	お話を聴いてその内容を記憶、理解し、設問に答える形式の問題集。
20. 見る記憶・聴く記憶	「見て憶える」「聴いて憶える」という『記憶』分野に特化した問題集。
21. お話作り	いくつかの絵を元にしてお話を作る練習をして、想像力を養うことができるように構成。
22. 想像画	描かれてある形や景色に好きな絵を描くことにより、想像力を養うことができるように構成。
23. 切る・貼る・塗る	小学校入試で出題頻度の高い、はさみやのりなどを用いた巧緻性の問題を繰り返し練習できるように構成。
24・絵画	小学校入試で出題頻度の高い、お絵かきやぬり絵などクレヨンやクーピーペンを用いた巧緻性の問題を繰り返し練習できるように構成。
25. 生活巧緻性	小学校入試で出題頻度の高い日常生活の様々な場面における巧緻性の問題集。
26. 文字・数字	ひらがなの清音、濁音、拗音、拗長音、促音と１～20までの数字に焦点を絞り、練習できるように構成。
27. 理科	小学校入試で出題頻度が高くなりつつある理科の問題を集めた問題集。
28. 運動	出題頻度の高い運動問題を種目別に分けて構成。
29. 行動観察	項目ごとに問題提起をし、「このような時はどうか、あるいはどう対処するのか」の観点から問いかける形式の問題集。
30. 生活習慣	学校から家庭に提起された問題と思って、一問一問絵を見ながら話し合い、考える形式の問題集。

31. 推理思考	数、量、言語、常識（含理科、一般）など、諸々のジャンルから問題を構成し、近年の小学校入試問題傾向に沿って構成。
32. ブラックボックス	箱や筒の中を通ると、どのようなお約束でどのように変化するかを推理・思考する問題集。
33. シーソー	重さの違うものをシーソーに乗せた時どちらに傾くのか、またどうすればシーソーは釣り合うのかを思考する基礎的な問題集。
34. 季節	様々な行事や植物などを季節別に分類できるように知識をつける問題集。
35. 重ね図形	小学校入試で頻繁に出題されている「図形を重ね合わせてできる形」についての問題を集めました。
36. 同数発見	様々な物を数え「同じ数」を発見し、数の多少の判断や数の認識の基礎を学べるように構成した問題集。
37. 選んで数える	数の学習の基本となる、いろいろなものの数を正しく数える学習を行う問題集。
38. たし算・ひき算１	数字を使わず、たし算とひき算の基礎を身につけるための問題集。
39. たし算・ひき算２	数字を使わず、たし算とひき算の基礎を身につけるための問題集。
40. 数を分ける	数を等しく分ける問題です。等しく分けたときに余りが出るものもあります。
41. 数の構成	ある数がどのような数で構成されているか学んでいきます。
42. 一対多の対応	一対一の対応から、一対多の対応まで、かけ算の考え方の基礎学習を行います。
43. 数のやりとり	あげたり、もらったり、数の変化をしっかりと学びます。
44. 見えない数	指定された条件から数を導き出します。
45. 図形分割	図形の分割に関する問題集。パズルや合成の分野にも通じる様々な問題を集めました。
46. 回転図形	「回転図形」に関する問題集。やさしい問題から始め、いくつかの代表的なパターンから、段階を踏んで学習できるよう編集されています。
47. 座標の移動	「マス目の指示通りに移動する問題」と「指示された数だけ移動する問題」を収録。
48. 鏡図形	鏡で左右反転させた時の見え方を考えます。平面図形から立体図形、文字、絵まで。
49. しりとり	すべての学習の基礎となる「言葉」を学ぶこと、特に「語彙」を増やすことに重点をおき、さまざまなタイプの「しりとり」問題を集めました。
50. 観覧車	観覧車やメリーゴーラウンドなどを舞台にした「回転系列」の問題集。「推理思考」分野の問題ですが、要素として「図形」や「数量」も含みます。
51. 運筆①	鉛筆の持ち方を学び、点線なぞり、お手本を見ながらの模写で、線を引く練習をします。
52. 運筆②	運筆①からさらに発展し、「欠所補完」や「迷路」などを楽しみながら、より複雑な鉛筆運びを習得することを目指します。
53. 四方からの観察 積み木編	積み木を使用した「四方からの観察」に関する問題を練習できるように構成。
54. 図形の構成	見本の図形がどのような部分によって形づくられているかを考えます。
55. 理科②	理科的知識に関する問題を集中して練習する「常識」分野の問題集。
56. マナーとルール	道路や駅、公共の場でのマナー、安全や衛生に関する常識を学べるように構成。
57. 置き換え	さまざまな具体的・抽象的事象を記号で表す「置き換え」の問題を扱います。
58. 比較②	長さ・高さ・体積・数などを数学的な知識を使わず、論理的に推測する「比較」の問題を練習できるように構成。
59. 欠所補完	線と線のつながり、欠けた絵に当てはまるものなどを求める「欠所補完」に取り組める問題集です。
60. 言葉の音（おん）	しりとり、決まった順番の音をつなげるなど、「言葉の音」に関する問題に取り組める練習問題集です。

『読み聞かせ』×『質問』＝『聞く力』

お話の記憶の練習に最適

1話5分の読み聞かせお話集①②

「アラビアン・ナイト」「アンデルセン童話」「イソップ寓話」「グリム童話」、日本や各国の民話、昔話、偉人伝の中から、教育的な物語や、過去に小学校入試でも出題された有名なお話を中心に掲載。お話ごとに、内容に関連したお子さまへの質問も掲載しています。「読み聞かせ」を通して、お子さまの『聞く力』を伸ばすことを目指します。

①巻・②巻　各48話

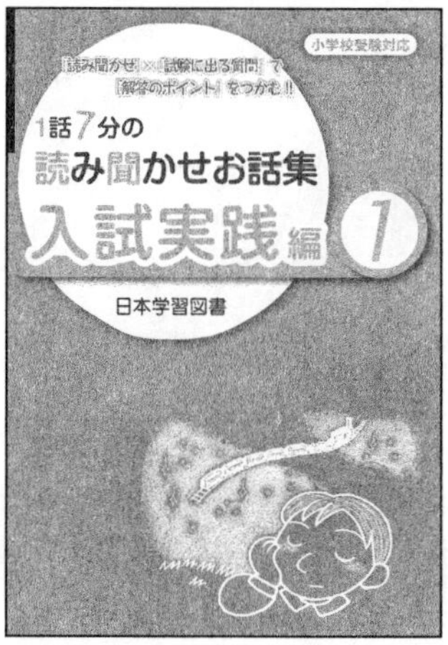

1話7分の読み聞かせお話集 入試実践編①

国立・私立小学校受験対応

最長1,700文字の長文のお話を掲載。有名でない＝「聞いたことのない」お話を聞くことで、『集中力』のアップを目指します。設問も、実際の試験を意識した設問としています。ペーパーテスト実施校の多くが「お話の記憶」の問題を出題します。毎日の「読み聞かせ」と「試験に出る質問」で、「解答のポイント」をつかんで臨みましょう！

50話収録

ニチガクの この5冊で受験準備も万全！

小学校受験入門 願書の書き方から面接まで リニューアル版

主要私立・国立小学校の願書・面接内容を中心に、学校選びや入試の分野傾向、服装コーディネート、持ち物リストなども網羅し、受験準備全体をサポートします。

小学校受験で 知っておくべき 125のこと

小学校受験の基本から怪しい「ウワサ」まで、保護者の方々からの 125 の質問にていねいに解答。目からウロコのお受験本。

新　小学校受験の 入試面接Q＆A リニューアル版

過去十数年に遡り、面接での質問内容を網羅。小学校別、父親・母親・志願者別、さらに学校のこと・志望動機・お子さまについてなど分野ごとに模範解答例やアドバイスを掲載。

新　願書・アンケート 文例集 500 リニューアル版

有名私立小、難関国立小の願書やアンケートに記入するための適切な文例を、質問の項目別に収録。合格を掴むためのヒントが満載！願書を書く前に、ぜひ一度お読みください。

小学校受験に関する 保護者の悩みQ＆A

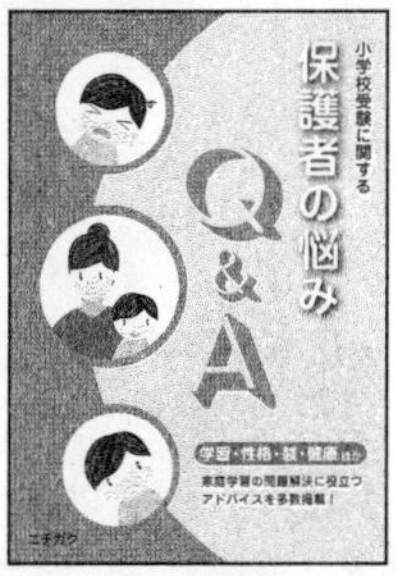

保護者の方約 1,000 人に、学習・生活・躾に関する悩みや問題を取材。その中から厳選した 200 例以上の悩みに、「ふだんの生活」と「入試直前」のアドバイス 2本立てで悩みを解決。

日本学習図書株式会社

家庭学習をトータルサポート！ ニチガクのオリジナル 効果的 学習法

1 まずは アドバイスページを読む！

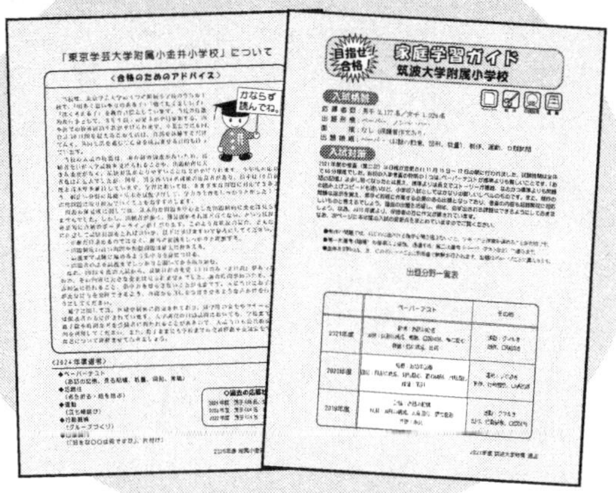

対策や試験ポイントがぎっしりつまった「家庭学習ガイド」。分野アイコンで、試験の傾向をおさえよう！

ピンク色です

過去問のこだわり

最新問題は問題ページ、イラストページ、解答・解説ページが独立しており、お子さまにすぐに取り掛かっていただける作りになっています。
ニチガクの学校別問題集ならではの、学習法を含めたアドバイスを利用して効率のよい家庭学習を進めてください。

2 問題をすべて読み、出題傾向を把握する

3 「学習のポイント」で学校側の観点や問題の解説を熟読

4 はじめて過去問題にチャレンジ！

各問題のジャンル

問題8 分野：図形（構成・重ね図形）

〈準備〉 鉛筆、消しゴム

〈問題〉 ①この形は、左の三角形を何枚使ってできていますか。その数だけ右の四角に○を書いてください。
②左の絵の一番下になっている形に○をつけてください。
③左には、透明な板に書かれた３枚の絵があります。この絵をそのまま３枚重ねると、どうなりますか。右から選んで○をつけてください。
④左には、透明な板に書かれた３枚の絵があります。この絵をそのまま３枚重ねると、どうなりますか。右から選んで○をつけてください。

〈時間〉 各20秒

〈解答〉 ①○４つ ②中央 ③右端 ④右端

学習のポイント

空間認識力を総合的に観ることができる問題構成といえるでしょう。これらの３問を見て、どの問題もすんなりと解くことができたでしょうか。当校の入試は、基本問題は確実に解き、難問をどれだけ正解するかで合格が近づいてきます。その観点からいうなら、この問題は全問正解したい問題に入ります。この問題も、お子さま自身に答え合わせをさせることをおすすめいたします。自分で実際に確認することでどのようになっているのか把握することが可能で、理解度が上がります。実際に操作したとき、どうなっているのか。何処がポイントになるのかなど、質問をすると、答えることが確認作業になるため、知識の習得につながります。形や条件を変え、色々な問題にチャレンジしてみましょう。

【おすすめ問題集】
Jr.ウォッチャー45「図形分割」

5 プラスα 対策問題集や類題で力を付ける

学習のポイント

各問題の解説や学校の観点、指導のポイントなどを教えます。
今日から保護者の方が家庭学習の先生に！

おすすめ対策問題集

分野ごとに対策問題集をご紹介。苦手分野の克服に最適です！
＊専用注文書付き。

2025年度版 近畿大学附属小学校
帝塚山小学校 過去問題集

発行日 2024年5月31日
発行所 〒162-0821 東京都新宿区津久戸町 3-11-9F
日本学習図書株式会社
電 話 03-5261-8951 ㈹